映画論叢 56

20日 東宝系 封切・爽快！・喜劇2本立
総天然色
豚と金魚
れる！興奮する
ゴキゲンな映画
スト喜劇NO1
日本一ノツイストの王者
藤木 孝の本格的主演作品
監督 川崎徹広
藤木孝
若林映子
北あけみ
沢村貞子
トニー谷
若水ヤエ子
飯田蝶子
草笛光子
上原謙

国書刊行会

映画論叢㊻ もくじ

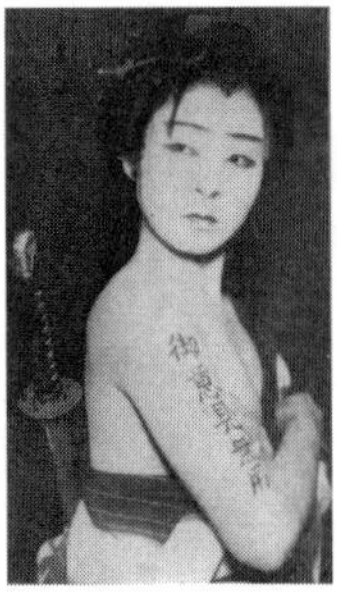
浅香光代の「からくりお芳」

退屈男の基本スタイル

『アラモ』のボブ・モーガン

表紙写真：『片目のジャック』演出中のマーロン・ブランド。撮影機材はロケーション用の軽量ビスタビジョン

扉写真：（上）『男の闘い』撮影中のオフショット。ショーン・コネリー、サマンサ・エッガー、リチャード・ハリス
（下）藤木孝主演『豚と金魚』新聞広告

撮影所訪問の回想

パラマウントのビスタビジョンカメラ（VistaVision）

宮原茂春

新型コロナウイルス感染拡大が収まりません。去年3月から流行してまもなく収まると思いましたが9月末になっても終息が見えません。

去年6月ロサンゼルス・パラマウント撮影所で開催予定のシネギヤ・映画機材展に行く予定でしたがアメリカでも感染が収まらずとうとう機材展が中止になりました。新機材と顔見知りに会うのが楽しみでしたが残念でした。

初めてパラマウント撮影所を訪問したのは35年前の1986年、目的はビスタビジョンカメラの調査です。77年に公開された『スター・ウォーズ』第1作の特撮合成部分はビスタビジョンカメラが使われた事と（77年ロスに出張の際チャイニーズシアターで日本語字幕の無い素晴らしい品質のプリントと音響で『スター・ウォーズ』を見ました）87年以後日本で博覧会用大型フィルム映像の制作予定がありビスタビジョンカメラのレンタル打ち合わせが目的でした。筆者の勤務する東北新社がパラマウントと取引があり役員とも知り合いであることで訪問出来ました。

当日パラマウントの機材室で見たビスタビジョンカメラは3タイプありました。最も大きな同時録音用はカメラ本体を金属の防音ブリンプに入れて約1m×0・8m×0・8m程の大きさ重量約50kg？　のスタジオ用、一目見ただけで日本のスタッフが扱うには大き過ぎて無理

巨大な同録ビスタビジョンカメラ

かな？　という印象でした。通常タイプはブリンプ無しで一回り小さくそれでも重量約30kg以上かな？　どちらのカメラも初めて見る形。通常の映画カメラは本体上部にフィルムマガジンが付きますがビスタビジョンカメラは四角い大きな本体の右と左それぞれフィルムマガジンが縦型に設置され、ファインダールーペは本体真後ろにある異様な形のカメラでした。残りの1タイプは新たに80年代？　に作られた軽量型で3倍のハイスピード撮影が可能、こちらのカメラは本体の後にマガジンが横向きに付いたデザインからバタフライ型と呼んでいました。86年訪問の際はビスタビジョンカメラ機材を見ただけでしたが、２０１６と18年にシネギヤで再度パラマウントを訪問した時にはスタジオとニューヨークのオープンセットを会場にした機材展示を見てアメリカの映画産業の強大なパワーを感じました。

＊

１９５３年パラマウントは、20世紀フォックスのシネマスコープに対抗することでビスタビジョンカメラを発表しました。通常の映画カメラは35㎜フィルムを縦に走行して1コマの画面は約22㎜×16㎜（1：1・37）ですが、それに対してビスタビジョンカメラはフィルムを横に走行、1コマ約36㎜×24㎜（映写サイズは34㎜×18・5㎜（1：1・85）通常の約2倍の面積を持ち画質が良いのが最大の特長です。アメリカではダブルフレーム、8パーフォレーションと呼び、日本では8P横走りと呼んでいます。フィルムを横走行するにはムーブメントが大きくハイスピード撮影でコマ数を上げることが難しくなりますがさすがアメリカ！　技術力で解決、50年代に巨大で重いビスタビジョンカメラで西部劇のロケやスタジオ同録撮影を行った映画制作のシステムに改めて驚きました。

初めてビスタビジョンカメラが使われた映画は54年ビング・クロスビー、ダニー・ケイ出演の『ホワイト・クリスマス』でした。筆者は見たのですが残念ながら内容を全く覚えていません。56年チャールトン・ヘストン、ユル・ブリンナー出演『十戒』もビスタビジョンカメラで撮影され、海が左右に割れ真ん中の道をモーゼと人々が歩く特撮シーンやこってりとした色合いの素晴らしい映像は忘れられません。その後も各ジャンルの映画が制作されましたがカメラが大きく重いせいなのか61年『片目のジャック』マーロン・ブランド監督・主演！　西部劇のビスタビジョン撮影が最後になり、10年も経たないでビスタビジョンカメラの時代が終わってしまいました。しかし映写サイズ1：1・85はアメリカン・ビスタサイズとして呼び方が残りました。この映画は高校生の頃見ましたがやはり素晴らしい映像でした。マーロン・ブランドの監督作品は珍しくメキシコ近郊？　を舞台にして派手な撃ち合いが少なく一風変わった西部劇でしたが楽しめた作品だったと思います。理由は判りませんが、リバイバルやTVでの放映も少なく？　未見の人が多いと思います。20年9月に全く偶然TVで再見しました。物語前半ブランドが仲間カール・マルデンの裏切りでメキシコ警察（保安官・追手？）に捕まる山々での撮影は素晴らしく、巨大なカメラを山上に運び上げて撮影したパワーに感動しました。強盗から保安官になったマルデンが海辺近くの一戸建に住んでいたり、ブランドと強盗仲間ベン・ジョンソンらも海辺の小屋に住んでいたりと西部劇には珍しく海も舞台になっていたことを思い出しました。別な資料では何とキューブリックが監督をする予定でしたが話がまとまらずマーロン・ブランドが監督になったとありました。もしキューブリックが監督したらもっと問題作になっていたかも？知れません。

63年ルキノ・ヴィスコンティ監督の『山猫』も（使用

ブリンプ無しビスタビジョンカメラ

カメラの確認が出来ないけれども複数の資料から）イタリアでビスタビジョンカメラを使ったようです。貴族の舞踏会のシーンはナポリ近郊の古城で撮影され素晴らしい映像はジュゼッペ・ロトゥンノ撮影。ロトゥンノは79年「オール・ザット・ジャズ」をパナビジョンカメラで撮りましたが、映画のトップシーン舞台上の踊りをゆっくりとしたズームで捕らえたシーンとインサートカットは音楽のリズムとマッチしてワクワクとした素晴らしい映像でした。

*

さて大映では61年日本初70㎜映画『釈迦』撮影用にこのビスタビジョンカメラを（60年頃？）パラマウントから購入しました。35㎜ビスタビジョンカメラでの撮影、プリントは70㎜にブローアップ、スーパーテクニラマと呼ばれました。ネガ現像と70㎜プリントはロンドンで作業。70㎜プリントでの上映は国内大都市の封切り館のみだったかな？　と思います。中学生の頃大映映画館で見ましたが通常のシネスコ版だったような気がします。大映では『釈迦』の外にビスタビジョンカメラを使った劇映画10本程を制作したようですが、やはりカメラが重く大き過ぎたようでまもなく使われなくなりました。

後年ＣＭ撮影の仕事に関わってから、ビスタビジョンカメラは大きく重くセットの床が抜けたとか、スタジオセット内でカメラポジションを変えることが大変だったと撮影時の話を人づてに聞きました。日本独特なシステム？　お手を拝借！と声をかけ人海戦術で移動車やカメラの位置を動かしたかな？　ビスタビジョン映像の質は良いのですが、日本間でのセット撮影とカメラドーリーや油圧カメラサポートシステムが十分整ってない現場では、このカメラは重く大き過ぎて向いてなかったようです。後にこのカメラは日大映画学科に寄贈されたと聞きました。

ビスタビジョンカメラで撮影した映像が素晴らしいことは映画にとって良いことですが、映画は内容、登場人物、音楽などいろいろ要素が絡まって魅力となります。撮影時に監督の意図する映像を自由に素早く撮影出来る機材が必要ですが、50年代のビスタビジョンカメラは大き過ぎたようです？　２０２１年現在、デジタル４Ｋ８Ｋカメラがそれに代わってきました。技術発達のスピードが速く今後の映画はどうなって行くのかな？

パラマウント・スタジオ　その2

２０１８年パラマウント・スタジオのシネギヤ展示会場を移動する際、１９２２年に建てられたＳＴＡＧＥ５（英語ではステージ5、日本的に呼ぶと5スタ）の入口に横０・８ｍ×高さ１ｍ程のプレートにこのステージ5で撮影された著名な劇映画（Features）とＴＶドラマ（Television）の作品リストに気が付きました。

原題と日本での題名と異なった作品がありますが、最初の47年『南米珍道中』から、『バリ島珍道中』52年、『シェーン』53年、『ドノバン珊瑚礁』63年、『卒業』67年、『ローズマリーの赤ちゃん』68、『スター・トレック』89年、『パトリオット・ゲーム』92年、『将軍の娘』99年、『マルホランド・ドライブ』２００１年等の劇映画とＴＶドラマ『モンク』２００６〜２００９、『アメリカン・ホラー・ストーリー』２０１２年等がありました。

『シェーン』のアラン・ラッド、『ドノバン珊瑚礁』の巨匠ジョン・フォード、ジョン・ウェイン、リー・マーヴィン、『卒業』のダスティン・ホフマン、『ローズマリーの赤ちゃん』のポランスキー監督とミア・ファロー、

STAGE 5入口のプレート

『パトリオット・ゲーム』のハリソン・フォード、『マルホランド・ドライブ』のデビッド・リンチ監督等映画タイトルを見ただけで監督、主役の名前が浮かび、このステージで撮影されたと思うと映画マニアとして感極まりました。

同様にSTAGE2では『裏窓』54年、『ハリーの災難』55年、『知りすぎていた男』56年、『片目のジャック』59年、『リバティ・バランスを撃った男』62年、『トゥルーマン・ショー』98年がありました。ヒッチコック映画はユニバーサル撮影所と思っていましたがここパラマウントでも撮っていたとは意外な発見でした。『裏窓』の3階建て（4階建て？）の大きなセット撮影はここ2スタだった。『片目のジャック』の室内セット撮影もここだった。『リバティ・バランス～』のジョン・フォード監督、ジョン・ウェイン、ジェームス・スチュアート、リー・マーヴィン共演もここ2スタで撮影されたとは新しい情報でした。

パラマウント・スタジオのある場所は、近年アカデミー授賞式でお馴染みのハリウッド・コダックシアターから南東に歩いて30分程の距離メルローズ通りとガウアー通り（Gower）、ヴァンネス通りの交わった所にあります。ビバリーヒルズからも車で40分？　程のところにあります。広大な面積にステージ数は32程かな？　機材展示でステージ内部を見ましたが天井が高く内部は木造の梁、見慣れた東宝スタジオの内部を高くした感じでした。パラマウント所内に入るには、映画でお馴染みの正面玄関は有名スターが車で入りますが、その他のスタッフや機材展示会で訪問するにはスタジオの外ガウアー通りの専用パーキングビルや他のパーキングに車を置いて通用口から入ります。

ロサンゼルス中心部のダウンタウンとハリウッド・チャイニーズシアターの繁華街では観光客や地元の人も大勢歩いていますが、ハリウッド・パラマウントあたりは車中心の世界なので、歩いて〇〇分との目安は役に立ちません。バスと最近？出来た地下鉄は車を持ってない人が乗るものという感覚ですべて車移動です。

筆者は何回もロスに行きましたが、到着から帰国するまですべて車での送迎、一人で気楽に歩いて出かけることが出来ないのが最大の悩みです。

追加情報

①91年の『ターミネーター2』のエンドタイトルにビスタビジョン・カメラオペレーターを見つけました。やはり特撮でビスタビジョンカメラが使われていました。こちらは50年代のカメラではなく新型ビスタビジョンカメラが使われました。

②76年の『スター・ウォーズ』は勿論、２０００年頃まで特撮合成作業にはビスタビジョンカメラと70㎜カメラ（撮影は65㎜フィルムを使用、完成プリントは70㎜）が多く使われました。スクリーンプロセス用の映像撮影にもビスタビジョンカメラが使われ、こちらはプレート撮影と呼ばれています。

③近年フィルム撮影が少なくなって、デジタルカメラが多く使われています。デジタルでのビスタビジョンと呼ばれているのは（センサーの有効サイズが）37・7㎜×25㎜（1：1・5）です。

フィルムカメラのビスタビジョン36㎜×24㎜（映写サイズは34㎜×18・5㎜〈1：1・85〉）とは呼び名は同じでもサイズが少し異なっています。

（みやはら・しげはる）

フヰルム温故知新㉞

『西部の王者』ウィリアム・ウエルマン賛

布村建

インディアンのおかれた立場に同情した映画は数多いが、軍と資本による領土の奪取に真っ向から異議申立てをしたのは、知る限り本作のみではないだろうか。立派な精神の作品であったのだが、邦題がいただけない（原題Buffalo Bill）。いかにも安手な西部劇にみえてしまう。日本公開一九五〇年。

バッファロー・ビル（ジョエル・マクリー）のインディアンに対する姿勢、彼に思いを寄せるイエローハンド（アンソニー・クイン）の妹の悲劇的な死、最終章近くの大資本家に対する糾弾演説も、はずかしながら印象に残らなかった。ぼくたち少年はインディアンは文明人を襲う野蛮人だと思っていたし、二〇代になって中屋健一の「アメリカ西部開拓史」（筑摩書房）を読むまでアメリカ政府のインディアン政策が一貫して〝民族浄化策〟であったことなど知る由もなかったのだ。歴史的背景の説明を怠った評論家にも責任の一端がある。

ウエルマンはなぜか日本では評価が高くない。『つばさ』（一九二七・無声）。後半のドッグファイトは航空映画史上の最高傑作で、操縦を〝主観〟で撮ったシーンはその後の空戦映画の追随を許さない迫力がある。監督が第一次大戦時仏空軍パイロットであった、と知って納得した。帰還兵の悲劇を描いた『餓ゆるアメリカ』Heroes for Sale（一九三三）のような社会派的作品もある。クリント・イーストウッドは少年時代、『オックス・ボウ事件（テレビ放映題「牛泥棒」）』（一九四三。GHQは日本公開不許）を見て映画への道を志した、という。

宿敵との対決

さて『西部の王者』だ。上院議員と娘のルイザ（モーリン・オハラ）らが乗る馬車がシャイアンの先鋭分子に襲撃されるが、バッファロー・ビルによって助けられる。ビルは議員や記者バントライン（トマス・ミッチェル扮。辺境のリポーター。ワイルド・ビル・ヒコックやビルなどの活劇を講談風に書きまくった）からシャイアンの土地に鉄道を敷く計画があることを聞く。鉄道資本家ヴァンダービアーはシャイアンを三〇日以内に強制移住させ鉄道を敷こうとし、ブレイザー将軍に彼らの追放を慫慂する。交渉にあたったシャイアンの戦闘隊長イエローハンドは当然拒絶。ビルは横柄なヴァンダービヤーに怒りをかくさない。

「彼らは恩を忘れない。同じように恨みも忘れない。頼みごとをするのに、何故賓客のようにもてなさないのか！」。

この後、ビルは議員令嬢ルイザに恋をし、相手を毛布で覆むシャイアン式求婚をする。バンダービアーは強引に鉄道建設をすすめ、シャイアンはついに蜂起。政府機関の車両、開拓移住者たちを襲い、議員を人質にとる。ビルは解放交渉に向かう。イエローハンドはかつてビルに助けられたことがあり解放を承諾し、これで貸し借り無しと宣言する。

やがてイエローハンドの部族はリトルビッグホーンでカスターを破ったスーに

バッファロー・ビル・コディ

合流し、ともに戦うべく征途に立つ。砦の学校で教師をしているイエローハンドの妹〝宵の明星〟（リンダ・ダーネル）はビルに思いをよせていたが、子どもたちに別れを告げ、兄とともに戦うべく砦を去った。迎え撃つは第五騎兵隊。ビルは戦闘を中止させるにはイエローハンドを倒すしかないと決闘を申し入れ勝利する。伝説ではイエローハンドの頭皮を剝ぎ、カスター将軍に！　と叫んだことになっている。隊長を倒されたシャイアンは撤退せず決戦を挑む。

かくてウオーボンネット渓谷の戦いは始まった。（実際は斥候隊同士の不期遭遇小戦闘であったらしい）この河中での両軍激突戦闘シーンは美的なフォード作品よりもすさまじい。水しぶきをあげての突撃。カメラのレンズに水滴があたる。四メートル下の川に落ちるすさまじいスタント。

シャイアン軍は壊滅した。夕闇せまる河原に累々たる遺体。カメラはゆるやかに遺体を追って移動する。ここに合州国陸軍の葬送喇叭ＴＡＰＳが流れる。（『地上より永遠に』ではモンティーが喇叭で、『シェーン』葬儀場面では元南軍将校がハーモニカで奏でた）。

ウエルマンはシャイアンたちの死に衷心からの哀悼の意をささげたのである。ビルは暗闇の中で、宵の明星の遺体を見つけ抱きかかえた。彼は軍のスカウトを辞任する。ルイザは辺境の暮らしを嫌う子育てのために東部に帰っていたが、長女は感冒で死亡。夫婦間に亀裂が入っている。

英雄の〝その後〟

ビルはバランタインのダイムノベル（一〇セント本）によって国民的ヒーローとなってしまう。対インディアン戦の名士として政府からも様々な行事に招かれることになった。鉄道資本家のヴァンダービアーの晩餐会にも招待される。紹介にあたり、ヴァンダービアーはシャーマン将軍の有名な警句を引用する。"The only good Indians I ever saw were dead..." 良いインディアンとは死んだインディアンのことだ…。ビルは憤然と立ち上がり反論する。

「シャーマン将軍に私は同意しない。インディアンは自由の土地に生まれたアメリカ人であり、同胞と土地、生存のために戦った人たちであり、他のアメリカ人と何ら変わりはないのです。彼らの生活を理解していただきたい。自然に立ち向かい、共生する姿を見たら条約を破ったりは出来ないはずです。あなたが好きなグッドインディアンというのは、ただ一人、これだよ。ミスター・ヴァンダービアー−!」。そしてインディアン像がきざまれたコインを皿に投げつける。実に小気味よいカットである。

バッファロー・ビル（ジョエル・マクリー）とイエローハンド（アンソニー・クイン）

　インディアン戦争の真実を告発したビルは御用新聞の誹謗中傷攻撃にあい、経済的にも困窮し、見世物小屋に出演して糊口をしのぐ状態に陥る。そこへルイザ夫人が訪ねてくる。彼を見捨てずに励まし、バントラインの発想で辺境の生活やインディアンを紹介する「ワイルドウエストショウ」を始め、成功をおさめる。インディアン　騎兵隊、カーボーイ　駅馬車が登場する壮大な絵巻もの風ページェントである。

　ラストシーンはビルの引退式である。スポットライトの中の白馬のビル。

"Hand in hand... my wife and I are returning to our home in the West. To the sunset."「私と妻ルイザは、手に手をとって。ふるさとへ、日の沈む西部に帰ります。……今日は、おやすみなさいではなく、さようならといいます。皆さんに神の祝福があらんことを」。

　観客席にいた障害のある少年から声がかかる。字幕は「ビル、元気でね!」。実際の言葉はAnd God bless you too, Buffalo Bill! である。わたしたちが字幕を読む速度は翻訳者が想定するよりもはるかに速い。ムリに短縮することはないのだ。

　冒頭およびエンドマークの背景画像はEnd of Trail—旅路の果て—として知られるインディアン像であり、本作品のスタンスを表象している。（ぬのむら・けん）

売れそこなったコメディアン　その六

ロウソク療法顚末記

飯田一雄

前号の文を受けて、それに続くことを承前という——と「新明解国語辞典」に記されています。ちょっと個人的には大きな病気をしたものだから前の号の文を読んでくださった方には迷惑かも知れませんが、列車が急勾配の途中にバックして一段高い別の路線に移り終えて進行することをスイッチバックと言います。そういうことで同じ事柄からスイッチバックして物語をすすめますので、ご承知おきください。

浅草興行街で、ひときわ目立った小屋は浅草ロック座で、戦後狼煙を上げたストリップの名門です。

この劇場から名を成した役者は大勢いますが、女性の魅力を売り物にしながら、女優で名を成した人はいません。ロック座はストリップ劇場ですから裸を見せることが本領で、後年、年を経た踊り子が重鎮を誇る訳にはいきません。その輝かしい女性の裸体の色香にまとわりついて、観客の望んでいる女性との交渉、接触などの行為を演ずる俳優はいずれ喜劇役者として大成して行きました。けれども、陽はあまねく当たる訳でもなく、日陰に甘んじる運の悪さを嘆きながら日々の舞台の楽しさに身を任せる無名の役者たちもいたものでした。

何時かはと前を向きながら時世は移り変わり、艶笑という特異な舞台で発散してみせた俳優たちも望まれるにしたがって映画や民間放送、特にテレビへの需要に吸収され、要領の悪い役者は置いてきぼりを食ってしまいま

パン猪狩

した。全盛期は七つも八つもあった浅草ストリップの小屋もあくの強い関西ヌードに駆逐され、ほとんどが閉館に追い込まれました。小屋がなくなって困るのは生きている役者たちで、蒸返しで恐縮ですが天野良昭も体のいい失業者であり、地方のヌード劇場に仕事を探すことになりました。思えば、こんなことがありました。

東北の某県の港町のヌード劇場の正月公演が決まりました。大晦日に乗り込んでくれれば、なんと劇場主の社長が天野を見てカンカンに怒っている。それはそうだ。天野以外、踊り子が二人しか到着していない。メインの特別出演の外人も呼び物のレスビアンも来ないということがわかりました。元日から豪華絢爛の特別興行なのに、たった一本の電話で出演不能になったというのです。勧進元の社長は気も転倒の有様です。もともと土地では名うてのヤクザだから怒髪天を衝く形相で手に負えないありさま。そんなとき、天野は平然として「やれますよ。みてごらんなさい」と、大見得を切った。

社長いや、親分は納得がいかない。天野の出方を見るより仕方がない。さて、元旦の当日。風呂屋の番台の親父に扮した天野のおもしろおかしい口上があって観客を呼んで舞台にあげ、盥に湯をいれ、裸の踊り子を入れて行水をさせ、お客に背中を流させようという趣向です。二人の踊り子に交替をさせ、二時間半のショーは観客を圧倒させました。入場料を払っただけで踊り子の肌に触れることができる。前代未聞の入浴ショーに観客が殺到して、正月興行は大成功となったのです。ストリップ劇場で入浴ショーを始めたのはオレが初めて、と本人が話していたけれど真偽のほどは判らない。

その、天野良昭が尾羽打ち枯らして蟄居していたところに世話になっている芸能プロの事務所から電話があった。女の子が居るので預かってくれないか。出掛けていって驚いた。痩せこけた娘で髪の毛があちこち抜けている。血色が悪く皮膚の色は土色、ざらざらな肌の色。なにより、眼がうつろで、足元がおぼつかない。内緒話のような小さい声で、所属している児童劇団では主役を演じたこともあるそうな。事務所の社長は、どうにかならないかと相談を持ち掛けたというわけです。

仕事のない天野は、この娘を使ってヌード劇場でうって出ようと考えた。台詞がダメ。動作が鈍い。すぐ疲れて休みたくなる。眼がどろっとして活力がない。こんな素材を扱わなければ、もう、自分の将来どころか明日がない。因果を含めて、並大抵な苦労なくして芸能界は生きていられないと確かめれば、あっさりと他にやることはありませんと気のない返事。

二人で舞台に立つには、いま流行の残酷ショーがネット（出演料）が好いので、家庭内暴力や嫉妬を扱ったコミック残酷ショーとして家庭で使う掃除機やトイレで使う吸引棒、漬物石、日用雑貨を揃えて爆笑コントに焼きなおし、コントチーム名を「ピンクアニマル」と名付けて全国の小屋を旅することになった。

お笑いのショーが受けて、なにより相棒の娘がうまく変質したことに天野が仰天した。ある週に休みがとれたので二人は旧知のパン猪狩を訪ねに浅草に出向いた。義理堅い二人を前にして、パン猪狩は歓待した。そして、天野に「あいつ、その後どうなった？」と訊く。天野は誇らしげに「あれがコレです」。もちろん、パン猪狩はのけぞった。

怪しいほど奇っ怪な小娘が、素晴らしい美形に変質していた。リリーと名付けた女性こそ、よぼよぼの病身で陰湿な表情を仮面のようにつけた、あの娘だった。あれは、何だったんだろう。巡業中の出来事だろうか。連日の舞台に演じられる残酷ショーの出し物のせいか。裸にむしり取られて裸の身体にぽたぽた垂らすロウソク。ロウソクの雫が彼女の身体の毛穴にロウソクの雫の熱い温度が良いほうに刺激を受けたのだろうか。

パン猪狩は満足げな二人を見送ったあと、考えた。先日、妻の栄子を誘ってボウリングに行ったこと。栄子が身体中不調をきたし、整骨院に通いだしたこと。整骨院の先生が、うまく行けば、ひと月。半年は覚悟してもらいたい。失礼な言い方だが、奥さんも若くはないだろうから。

あれ！　あの天野が連れてきた、あの女はどうなんだ。試しにポタポタとロウソクを栄子の肩から腰に向けて垂らしてみる。翌日の朝。どうだった？　うん、何だか、首を振ってみる。いいみたい。具合が良くなればパン猪狩も、すっかりその気になってくる。肩の痛みが薄らいで、腕をぐるぐる回してみる。ロウソクが効いたのか。数日続けて、なんと、全快。

木馬館に出演中。楽屋にきたパン猪狩のファン、岡田さんにロウソクの話をすると、是非、わたしにも。岡田さんはお調子者。私も腰が痛くて、先生のお宅で治療をしておくんなさい。日を決めてポタポタをやる。そのうちに腰の痛みが薄らぐ。帰りに杖を忘れてスタスタ。おーい、杖だよう。

ひょっとするとこれは。弟子の早野凡平に相談する。早野のお父さんは板金加工業。ロウソクを溶かす電熱器と小型の鍋を収納できる金属製のトランクを作ってくれる。ポタポタは見てくれが悪いから、ロウソクを溶かしてかっぱ橋の食品道具専門店で羊羹製造の型を誂える。これで包み紙に漢字だらけの商品名を付ければ、上海製特効薬の名前になるなあとパン猪狩は自分の仕事に満足する。

☆

さて、そんなときに『東京スポーツ』である。取材にパン猪狩宅を訪ねたE記者はパンさんの話術に笑いころげ、不思議な蠟《ロウ》治療の効果に驚き、八十度の蠟を塗ってもらう。間もなくこれが文化欄の全面を使って紹介された。追い打ちをかけるようにマスコミ頻度の高い医学評論家ドクトル・チエコさんのエッセイが『毎日新聞』に掲載された（昭和五十二年二月）。以下、引用文。

「パンさんに会ったのは、三十数年前、パンさんのすばらしい舞台を客席から見たとき私は医学部学生で、当時無数に生まれていた若い新劇の劇団研究生。その劇団で、新しい喜劇を目指す脚本・演出家キノ・トールと恋愛中。しかし、食べていけそうもないので私は医者になろうとしていたが、二人の乏しい小遣いは喜劇勉強にあててコレぞと思う舞台を見て回った。二人はパンさんのパントマイムに脱帽してしまった。フランス一といわれたマルセル・マルソーのそれより、名優ジャン・ルイ・バローのそれよりも抜け切った人生観が光っていて、乾いた笑いがあって、とぼけ切っている。日本にもものすごいコメディアンがいるものだと圧倒された。パンさんは蠟で神経痛をラクにする特技をお持ちと知って、医者として詳しくお話を聞きにお宅をお訪ねした。蠟を溶かして筆で患部に塗る。一般病院の整形外科にもパラフィン療法はあるが、蠟の温度は摂氏五十度程度。パンさんのは八十度。最初の一筆は熱い。しかし、純粋な蠟だけ溶かしたものは表面がすぐ固まるからやけどの心配がない。どんどん塗っていく。蠟の温度が高いから効果が早い。神経痛、筋肉痛、骨折を治すのに最適で知人から重宝がられ、塗ってくれという人があとをたたない。『私は医者じゃないから治療費はとらない。でも、たくわんやマンジュウぐらいのお土産なら有り難くいただいていますが、舞台より人気が出ちゃって困っています』とパンさんは苦笑。夫のキノ・トールの四十肩に施療したら三カ月で全快。普通なら一年以上は治らないものだ」

このエッセイの反響は大きかった。思わぬところから問い合わせの手紙が舞い込むようになり、電話が鳴った。

パン猪狩さんは世間の反応に驚きながら、何かと呼び掛けに応じてくれる音楽プロデューサーの世志凡太さん、それに筆者の私、それに長期契約をしているパンさんを抱えている熱海の観光ホテルを経営している雨宮社長が加わり、蠟《ロウ》治療施設の創設の打ち合せが始まった。

診療施設よりオレは宗教団体の方がいいなあ。そう言い出したのがパンさん。玄関で受け付けが患者に基礎的な質問をする。それを本堂に居るオレは無線で聞いている。患者が手続きを済ませて本堂にくる。さあ、オレだ。あなたは茨城県は土浦からおいでだな。ずばり言おう、あなたのお母さんは二年前に亡くなっておる。その悲しみが腰にきた。ロウ治療に専念せよ。こういくといいよなあ。

世志凡太さんはジャズマンでもあるからこう言う。

「ロウを売るならネーミングが大切だ。ただのロウを売れば二束三文になってしまう。名前を付けよう。おれたちバンドマンはジャズをズージャなんて引っ繰り返して言う癖がある。だから、ソクローでどうだい」

ロウ治療の資金提供、スポンサーになろうという雨宮社長は「当り前のロウソクでは有り難みがない。ロウをマンジュウ型に成形したらどうだろう。それに図案を彫った焼きごてで印を付ける。猪狩マークなら鉄砲のぶっ違いに跳ねる猪はどうだ」。まァロウの温泉まんじゅうですね。

本気だか冗談だか訳の判らない時間を費やす。

そんなところにテレビ朝日がドキュメンタリーの取材を申し込んできた。『23時ショー』という深夜番組で放送するという。夜はホテルのディナーショーに出演しているパン猪狩が、昼は自宅で独特の手法で病気を治している。いわば余暇の善用を紹介するもの。コメディアンのせんだ・みつおが熱海にやってきた。熱海の山のなかにあるパン猪狩宅を訪ねると、おりしも日本髪の女性が上半身肌脱ぎになってロウを塗られている真っ最中。やがて治療の効能を説明するおしゃべりがあって、せんだは無理やり治療を施される。合間にパン猪狩が出演しているホテルの社長が治療にきて温泉に浸かったらどうだなんてお愛想を言う。某外科病院の院長が治療の効果は良好だとコメントを挟む。

これが放映されるやいなや、直後の深夜から翌日にかけて熱海のホテルに問い合わせが殺到、熱海の電話局は

㊙講座

"SMショー"変じて健康法

ロウソクほたほた

肩こりもスッキリ

80度の熱いロウを素肌に…

踊り子達も猪狩さんが治療

当時の新聞記事

パンク状態の騒ぎになった。

パン猪狩のロウ治療に難題がぶつかった。国家が認知した医師でないと医術を以て生計を立てることは出来ない。それに営業で行なうにしても、一人の施療に一時間はかかるから、一日にせいぜい数人しか相手に出来ない。しかも、難病に苦しむ患者が悲鳴を上げて次々にやってくる。この所、パン猪狩宅には高級ウイスキーや大型箱詰めのカステラ、缶詰や果物籠が所狭しと並んだ。「なーに。オレの好きなパンの耳でも送ってくれれば……」と冗談に言ったのを真に受けて、サンドウィッチ工場に掛け合ってパンの耳ばかり車いっぱいに届けてくれた人も居る。パン猪狩は混乱した毎日に追われ、還暦を過ぎた身体には苛酷な雑事になって追い詰めた。ついに音を上げて、熱海を引き払い、広島を口開けに中国地方のヌード劇場巡業の旅に出た。すなわち遁走。かくして、ロウ治療のハプニングは終わりを告げました。

☆

ロウ治療ではたくさんの思い出ばなしが出来た。トニー谷が熱海にやってきた。飛ぶ鳥落とす勢いだった希代のボードビリアンも髪を黄色に染めた、変り者の老人でしかなかった。戦後、彗星のように躍り出た才人がホテルのコーヒーラウンジで海を眺めながら、パン猪狩と語り合う姿に昔日のオーラは消えていた。

　そんなある日、パン猪狩を訪ねてインタビュアーがやってきた。パンさんは、いつもの調子でもてなす。そんなとこ、突っ立ってないで中に入れ。青年、メシ食ったか。おめえ、顔色悪いなあ。さあ、何でも聞いてくれ。青年は高橋三千綱氏。モチロン、パンさんはこの芥川賞作家を知らない。このときの訪問は、ルポルタージュ「昭和とともに歩いたグローバル・ボードビリアン」にまとめられた（『いんなあとりっぷ』昭和五十四年十二月号）。その終章で高橋さんはパン猪狩の十八番の舞台を活写する。一つは切腹。切り裂いた腹からおのれの腸を引き摺り出してモツ焼きにして、コップ酒をのみながら食っちゃうあれ。もうひとつは哀愁に満ちた例の唄。

「アメリカから船に積まれた兵隊がベトナムに武器を背負ってやって来た。ヨーロッパから兵隊がやってくる。白人や黒人が黄色い人と戦争を始めた。毎日、多くの人が殺された。流された人間の血はみんな赤い」

　唄がおわらないうちにマイクが下がり始めてしまい、マイクを追いながら唄う。マイクが舞台の床下に沈み込むので這いつくばって、なお、唄い続けるパンさんの鼻先を床の蓋がぱちんと挟むところまで。この持ち芸を間近に見たあと高橋さんはこう締め括っている。「『ピエロになりたい』そう言ったパンさんの言葉が思い出されてきた。『八十にならなくちゃ無理かもしれない』と言っていた。ピエロは悲しみを表に現さない。笑いを作り、道化のなかで死んで行く。どんな悲しみも、苦労も、ピエロは、舞台のうえに現すことはない。だから、誰もピエロが悲しいなどと思わない。それでいいのだ。思われては迷惑なのだ。ピエロは自分だけの悲しみを抱いて、誰に話すことなく、死んで行くのだ。いつまでも笑いをふりまきつつ。」

　はたしてパン猪狩は「ピエロ」になり得たかどうか。「八十にならなくちゃ」という言葉には芸人の心意気を示すような響きが重く伝わる。

　翌日、娘のなおみさんに、こんなことがあったよと一部始終を話したら呆れ顔で言われたそうだ。「馬鹿ねえお父さん。帰りの電車賃あるかなんて、本気で言ったの？あの人、芥川賞もらった有名な作家なのよ」

（いいだ・かずお）

SDGs お前は誰だ？

片山陽一

横浜の根岸森林公園には、秋の3カ月間だけ2匹の「ヤギさんの草刈り隊」が現れる。その案内板には4つのSDGs（持続可能な開発目標）が示されている。即ち「7、エネルギーをみんなにそしてクリーンに」「13、気候変動に具体的な対策を」「14、海の豊かさを守ろう」「15、陸の豊かさも守ろう」。だが、ヤギは硬い葉を好まないため、食が進まない日には柔らかい葛の葉などを植木屋がわざわざ軽トラで運んでくる。ヤギを放つのは桜山の斜面だけだから囲いも必要であり、公園の大部分を占める広大な芝生は、相変わらずエンジン付き草刈機数台で一気に刈っている。エネルギーや温室効果ガスを云々するなら、ヤギなど連れて来ないほうがよい。ことほど左様にSDGsの本質は、綺麗事のために正反対の嘘を行わせる点にある。核兵器なき世界を謳って、核弾頭の寿命を延長するオバマの如き言行不一致。米国が彼の政権下だった15年9月に、これが国連サミットで採択されたのも偶然ではなかろう。

ところで、Sustainabilityなる新語が87年に生まれ、広まった過程については、当事者でもある東大総長時代の蓮實重彦氏に一文があるので省くが、Sustainable Development Goals の17のゴール、169のターゲットについては、国連ミレニアム宣言や様々な開発目標を統合したとしか説明が存在しない。SDGsは「1、貧困をなくそう」から始まる。正常に機能するほど貧富が生じるのが資本主義だから、起草者たちが反資本主義なのは明らかだが、マルクス以来達成できずにいるスローガンを今更2030年までの目標に掲げるからには相当な夢想家か急進派に違いない。恐ろしいのはSDGsは「誰一人取り残さない」としている点で、これは全人類の救済の意味より、全個人と全企業への賛同の強要と読むべきだろう。習近平が新年の祝辞で「人類運命共同体の意義」を唱える今日にあって、SDGsなるエコを装った階級闘争の手引きは、現代の『毛沢東語録』に見えてくる。例えば、BLM運動などを紅衛兵に擬えれば、破壊や略奪は破旧立新として推奨されるが、米議事堂に侵入した側は反動派であり、SNS人民公社が彼らを検閲するのは任務に過ぎない。世界はSDGs的価値観による文化大革命の只中で、従わなければ三角帽というわけだ。ただ文革と違うのは、綱領を描いた者の顔がない。

◇

この病症を先んじて示してくれるのが思想を同じくする公共劇場である。昨年末にKAAT（神奈川芸術劇場）で上演された2作品を見てみよう。まず11月28日初日の杉原邦生演出『オレステスとピュラデス』。杉原の依頼で瀬戸山美咲が書き下ろした新作ギリシャ悲劇で、ギリシャからタウリケまでの二人の道中を描いた。途中トロイアを通るのが眼目で、様々なトロイア戦争の被害者たちが登場する。何しろ「4、質の高い教育をみんなに」の中身は《人権、ジェンダー平等、平和と非暴力の文化、グローバル市民および文化的多様性》なのだから、歴史は敗者の視点からのみ書き直される。オレステスは戦で家族を失ったトロイアの少女・ラテュロスと恋に落ち、この地に留まろうと決意。嫉妬したピュラデスはラテュロスに、オレステスの父は戦勝国ギリシャの大将アガメムノンだと告げ、挙句彼女を殺す。苦悩するピュラデスの前に唐突にプロメテウスが現れ、彼女はタウリケで生きていると告げて一気に解決へと導くのだが、争いの炎を「消すのではない、鎮めるのだ」と諭すあたり、まるで映画『支那の夜』（40年・東宝）と同じ理屈だ。上海に着いた長谷川一夫は、日本の攻撃で親と家を失った抗日娘の李香蘭と偶然知り合い、日本人への誤解を解こうと奔走するうち恋に落ちる。「和解・癒し」を振りかざす身勝手な正義とでも言おうか。杉原はこの物語を《向かい合うことの物語》と呼んだが、これは人間の本性に向き合わず「和解・癒し」の概念に逃げた物語だ。杉原の演出や瀬戸山の戯曲からふと立ち上るのは、その嘘の笑顔である。「芝居の嘘」に「嘘の芝居」を紛れ込ませるその手つきである。

もう一作、12月12日初日の日韓合同作品『外地の三人姉妹』を挙げよう。演出・多田淳之介いわく《盟友ソン・ギウンさんによる、チェーホフの原作を見事に日帝時代の朝鮮に翻案》した内容で、姉妹たちは羅南に住んでおり、長男・福沢晃（原作のアンドレイ）が結婚する地元有力者の娘・董仙玉（ナターシャ）を韓国人が演じる、といった趣向。「モスクワへ」を「東京へ」とすることで《日帝》の植民地主義を批判したい意図は見え透いている。SDGsなら「16、平和と公正をすべての人に」「17、パートナーシップで目標を達成しよう」あたりか。だが、董仙玉が日本人一家に馴染もうとせず子供を盾に「アイゴー」と泣き喚く芝居などが続くと、亡き父の赴任で朝鮮に来た姉妹たちが本当に気の毒に思えてくる。相容れない民族が共に過ごす不幸。もしかすると多田は、文在寅的「被害者中心主義」に則った演出を装いつつ、実は日韓断交論者なのではないか、そんな考えが脳裏をよぎる出来栄えであった。概念化の末路たる「啓蒙の自己崩壊」状態、批判対象との無自覚な同化をチェホフが炙り出したとも言える。

◇

役者が、観客が、持続不可能な一瞬に賭けるからこそ演劇なのであって、「芸術文化は社会インフラ」（平田オリザ）だと自治体に寄生して存続を図る行為は、習近平やプーチンが自ら任期を延長するやり方と変わりない。だが本来、欺瞞に満ちた公共性やSDGsなんかぶち壊せと笑いのめし洒落のめす反骨が真の芸能の姿だろう。社会の埒外にあっても、人間の真実に触れたいから役者は芝居する。その原点に立ち還らず、演劇を思想闘争の道具に利用し続ける者は、最後は形式的な不条理劇にでも逃げ込むしか道はないのだ。

（かたやま・よういち）

「ムービーマガジン」をご存じですか？ 第十六回

遂に完結。最終号へ…しかし…

全32冊総目次（その13）

浦崎浩實

今頃になって、（見出しの）全30冊は誤りで、全32冊、に気づけり！ 愛人の数を間違えるより、ひどくネ！（まじめにやれ、つうの！）次号完結予定、と記したのが、（本誌の）第52号？ なのに53号、54号を、ヨソ様の悪口（生来、苦手な！）の〝番外編〟で埋め、久しぶり、本来の趣旨に向かいますする。断固、今号で完結しますので！もうこれ以上、「論叢」誌のご厚意に甘えられませぬ！（今さら、ですか？）感傷を蹴散らし、ガンガン進めるのだ！

というわけで（？）、世界に冠たる、映画本、芸能系（！）本の書肆として、国書刊行会か、ワイズ出版か！後者の岡田博社長から、若山富三郎が表紙の号（第15号）、ないか？ 確認したいことが、と。ありますとも！今もって、ムービーマガジン（以下、MM）を必要として下さる方が、地上におられるのだった！（落涙！）それにしても？ 氏が確認したいことって！ ページを繰るも、見当つかず。イヤラシ系、ないしィ？（すみません、ジェントゥルマンに！）

ついでながら、「論叢」誌2号前の拙文を読み返し、過剰な自画自賛、に驚くまいか！ これは批評家の文章に非ず、批評家たるもの、まず自分に厳しくあらねば、ね！（とまた、同業者にあてつけを！）以下、心を入れ替えた（！）筆者の冷静な回想になるらん！

第25号　昭和56年3月1日発行

表紙ロゴタイプ上方の表示に続いて、80 March と添えられているが、もとより 81 March ですよね。ッたく、元号と西暦との換算さえロクにできない！（目次での表示は辛うじて、合ってます！）

本文48ページ、定価280円変わらず。

白い表紙に、ロゴタイプは薄紫（？）で、内容を知らせる大書の見出し（4つ）はスミ色、その4つにロゴタイプと同色でそれぞれに謳い文句が！　そのセンスの良さに、（今の私は）平伏す！　自画自賛〝自粛〟、どうした！　黒田邦雄さんのアート・ディレクションのたまもの。MMにとり大恩ありし方なれど、2019年11月17日に秘めやかに（？）亡くなっておられたことを、ずっと後になって知る。感謝の意をロクに伝えることもしなかったはずで、つくづく、恩知らずのMMなのだった！……それは、忘れようぜ！（チョーシよくネ？）

ともあれ、第25号は会心の一冊なのだった！（毎度、言ってます？）内容紹介するのも、モッタイないが（言わせて！）、のちのちまで重宝がられたのは、「中川信夫、全作品を語る」で、本文たった48ページ中、16ページも占拠。対談の原稿起こしは、毎度ながら、北川れい子サマ。大変でしたよネ！　あなたの献身（！）を思うと、今もって、寝床で布団をかぶり泣かない日はありませぬ！

記事のリードに曰く、「……傾倒する桂千穂氏が、万感を込めて聞く中川監督の来し方……秘められた傑作の全貌、貴重な日本映画裏面史」と。中川監督のご自宅（小田急線・南林間駅だったはず）にお訪ねし、監督もステテコの軽装で気取らず、長時間、思うまま語り、思うままお尋ねしたはず（写真・前田康行さん）。

この企画の提案者も桂氏だったはず。MM誌には、いろいろ寄稿、この方にも大恩あれど、おあいこかもね？その追悼文（昨年8月13日他界）で私はワルクチに終始し（キネ旬10月上旬号）、長年の胸のつかえ（！）を下ろせり（笑）。

この対談には、中川監督の弟子格の監督・鈴木健介氏が付き添っていたが、鈴木さんは、中川監督が亡くなると（84年6月17日歿）、監督の日本酒と豆腐好きに因み、〝酒豆忌〟なる会を偲ぶ会を毎年持ち、中川監督にゆかりありし人が集って語り合ってきた。映画人を偲ぶ会（総体としての映画人でなく、個別の！）が、ずっと持続されているのが、世にどのくらいあるかしれないが（稀少のはず！）、今年の酒豆忌は、コロナ下、開催を見合わせます、とお葉書が。

「倍賞美津子インタビュー」は高平哲郎氏、写真・田辺幸雄氏。倍賞さんのザックバランさに圧倒されます。笑いながら、「性生活については聞かないでね」と。聞いたろかい！（聞けばよかった、残念！）

「ウィリアム・フリードキン、インタビュー」は「クルージング」日本公開（81年1月24日）を前に、来日した同氏への突撃（！）インタビューで、黒田邦雄さんによるもの。写真・前田康行さん。実に率直で豊かな内容。配給の東映洋画の、ご高配に感謝ひとしお。通訳は戸田奈津子さんで、来日映画人の通訳の第一人者でしたね。どなただったか、戸田さんの頭の回転の速さに、感激していた来日映画人がおられたものだが、ひょいとネットを見ると、誤訳の女王？ ッたく、ヒトはどこで妬まれるか分かったものではない。超訳の超女王、チョーナットクなれど（当方の英語力、ファック・ユー止まりですが！）。

で、取材の別れ際、フリードキンは黒田さんに、ニューヨークに来たら、電話しなさい、と電話番号を教えてくれた、と文末にある。どうせ来ないだろう、とタカをくくった社交辞令ではないはずで、この思い出だけで生きられますね（黒田さん、電話したかしらん？）。

「ベスト・ムービーズ80」年の結果は、日本映画「ツィゴイネルワイゼン」第1位は想定内なれど、第2位「幸福号出帆」にMMの気概が偲ばれません？

ともあれ、堂々の映画雑誌の風格か、も？

第26号（280円、180g）

本文80ページ。コート紙を巻頭、中ごろに使用し、ツカの厚みと、グラビアっぽく、のアンバイ。後の号の既刊号紹介（〝BACK ISSUES〟欄）の簡潔さに依拠して、カンケツに（横着し！）記すことに！

定価の表示の下に、［g数］が記されているのはなぜかって？ MMバック・ナンバーを直接購入して下さる場合の郵送料（定価と別に）が必要となるからで、むろん、まとめ買いの場合、1冊1冊の送料でなく、重量の総体が、送料。その料金も同欄に表示し候！

〝売り〟のメイン・インタビューは、沢田研二さん。マイナー誌にもかかわらず、機嫌よく、応じて下さって、まことにありがとうございました。インタビュアー・高平哲郎、写真・田辺幸雄です。

斎藤寅二郎（寅次郎）自叙伝「奇人・変人・喜劇人」第1回。鈴木義昭さんのルートで掲載に、の記憶です。斎藤監督は、寅二郎の表記では作品を発表しておられないが、「男はつらいよ」の寅次郎が有名になりすぎ、やむなく、とおっしゃっておられた。MM誌では、完結まで掲載できなかったが、ご本にまとめられていますよネ？ お住まいが、成城でしたね？ 奥さまが、人気女優だった浪花友子で、お茶の師匠をしておられ、その立派な構えの茶室を、左に見て（右だったか）、ご本宅の玄関に至るのだが、ちょっと、表に出ましょうか、家内がうるさいのでね、とおっしゃったのが思い出される。ニンゲンの記憶なんて、あまり生産的なものではない、らしい（そりゃ、お前さんのレベルよ！ ハイハイ）。

「McCOTOWALL〈手塚真〉のふしぎな世界」は犬童一心さんの手塚真映画へのアプローチ。私には全く不案内なセカイなれど、映画誌として先取りせねば（！）の世俗心が、掲載に至ったのだろう。

「加藤泰、ミニ・インタビュー」のきっかけ、思い出せず。『ええじゃないか』エキストラ体験日誌」他、山根貞男、松田政男氏らの連載、中島崇氏の力論も。

そうそう、本号では前号に続き、MM版ベストテン（ベスト・ムービーズ）の80年度発表があるが、前号で記載しきれなかった「8ミリ16ミリ部門」及び「読者選出部門」を掲載。8ミリ・16ミリ部門を（日本映画、外国映画の区分けと）別枠にしたのは、却って差別では、と現場から疑問が寄せられたことを記しておきます。

話がコンニチただいまに飛ぶのだが、ベルリン映画祭が次回（2021年）から、演技賞で男優、女優の区別をなくす、とか。それが性サベツ解消には却ってつながらない、というご意見に当方も理がありそうに思う。性差アイマイ賞とかの新設はどうです？

第27号

手元に無し。比較的気軽に利用できる（歩いて行ける距離）早大演博図書室か、松竹大谷図書館、フィルムセンター図書室が所蔵してくれているとチェックできるのだが（自前のモノの所蔵も、人さまが頼り！）、コロナで休館、演博だと大学の夏休み、と延々、利用できず！

ちょっと再開されたようだが、うっかりしてるうちに再度の緊急事態宣言で利用が難しくなった。

次号28号の〝BACK ISSUES〟欄（既刊号紹介）に拠れば次の次第。

３８０円（１３０グラム）。１００円も定価アップ！　グラム数が前号より少ないのだが、減ページした、ようでないようで、１８０を１３０と誤記したるや？

桃井かおりインタビュー／斎藤寅二郎自叙伝「奇人・変人・喜劇人」（第2回）／竹中労「映画街横断―序章・曼殊沙華炎の中にねむりたし」／髙間賢治「映画はアメリカだ！」（第1回）／相米慎二インタビュー／淀川長治インタビュー／柳町光男インタビュー／内藤誠「ガルボをまどろむ」／ベスト・フィルムズ'81／他

第28号　本文80ページ、３８０円

迷えるMMがいっそう鮮明になりしか？　などと記すと、この号の、寄稿者初め関わりありし方々に無礼になるや？（なりますね！）

いやはや、目のくらむような充実（！）ぶりは、表紙に謳った記事項目に明らか、だが、その前に、毎度ながらの言い訳を後記ならぬ〝編集前記〟に見てみませう！

長いですが、まんま、転記！（カッコ内は、現時点の加筆！）「ほぼ一年半ぶりの発行ですが、お求めくださる読者が、たぶん、まだいてくださるだろうと念じています。（ケンソンのようで、自信のほどを嗅がないか！）。雑誌なんて、いつ発行してもいいようなものですが（開き直るんだァ！）、内容は、しかし、新しくなければならない。一見しておわかりになるように、この一年半のさまざまな時期に書いていただいた原稿で、執筆者はまるでピエロで、まことに申し訳なく思います。一年半のさまざまな時期とは、挫けた気持ちをとり直して編集にかかり、また挫けて、の繰り返しを意味しますが、発行が延びれば延びるほど、気持ちは萎えるばかり！」（トーゼンであります）。以下、死力をつくして、発行しただの、自分が書いたとは思えない往生際の見苦しさ！（まんま、オイラね！）　次号は「2月末!!　この時発行できなかったら、MMはもうツブす！」と（自殺）予告……！

で、冒頭に戻りまして、表紙に明記したこの号の〝売り〟をボー書きで！

宇崎竜童インタビュー／竹中労「映画街横断」（２）、（〝お目出度いぞよ、丹下左膳〟のサブタイトルが本文に）／髙間賢治「映画はアメリカだ！」（２）／「ロマンポ

ルノひとまわり目の——若手監督をとりまくもの」「マネーメイキング・スター ロマンポルノの場合」「ベスト・ワン映画は生き残れるか！」「りん気を出さずに受賞者を出せ——日本映画監督協会新人賞」「MWA賞の来し方」に「BEST FILMS 82」。

MWA賞とは聞きなれないが、アメリカ推理作家協会賞です。どうだっていいじゃん、と言われそうだが、アカデミー賞とか、ベストテンとか、にナニか風穴を開けたい思いがあったのだ（自画自賛、聞き飽きたぜよ！）。

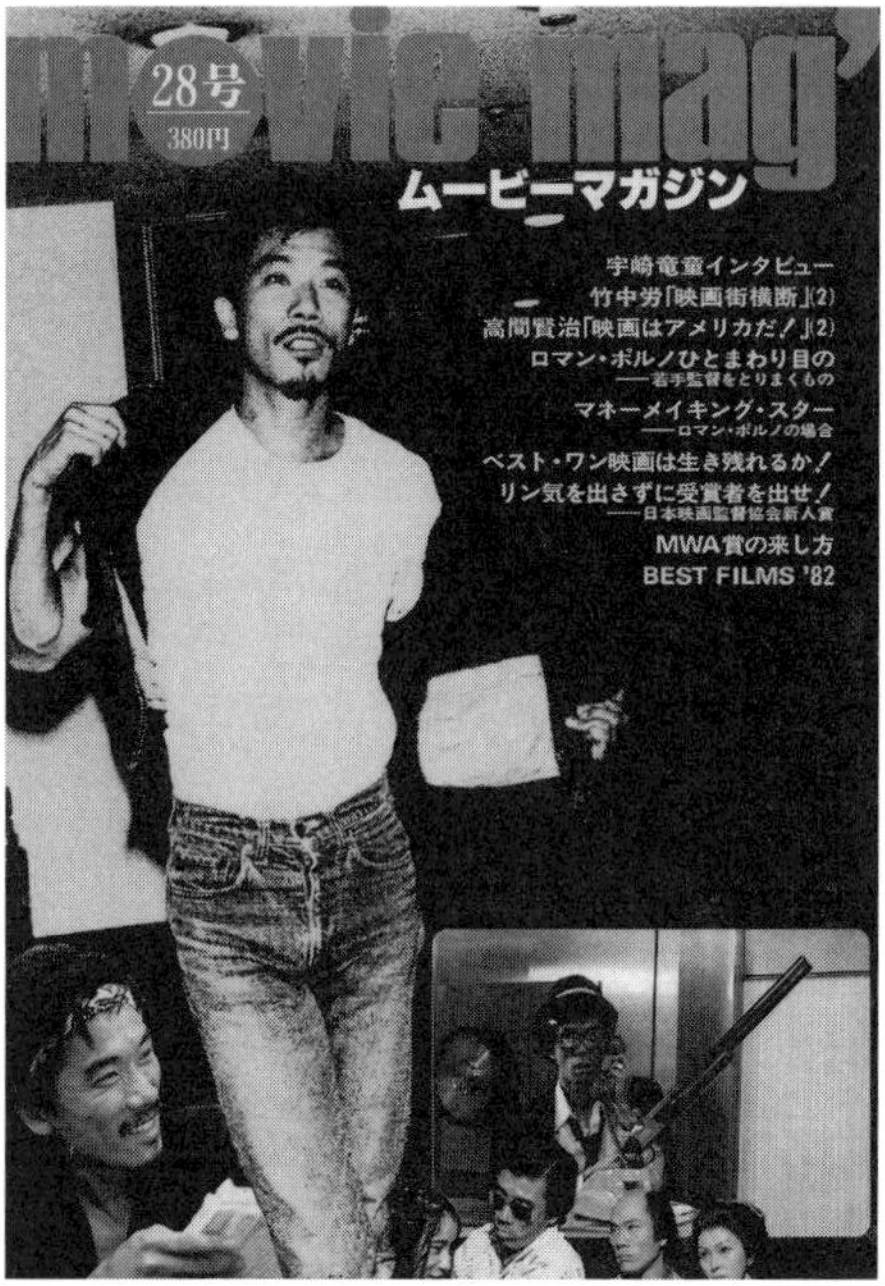

この号、〝売り〟になりそうなのが（なったかもしれないのが）、「マネーメイキング・スター ロマンポルノの場合」（解説・北川れい子サマ）における、大女優10名の神々しきハダカ！（待ってましたッ！ 罪作りな雑誌！）女優のハダカ写真を容易に掲載させてくれた時代、提供して下さった映画会社に感慨ひとしお！

「ロマンポルノひとまわりめの～若手監督」は座談会で、出席者の賑やかさにも隔世の観が。司会・山根貞男氏（忘恩の数々、お許しを！ 許されないか！）。

「BEST FILMS 82」の日本映画一位は「さらば愛しき大地」、外国映画「ブレード・ランナー」、8&16ミリ映画部門「ニッポン国・古屋敷村」、ほか、日本映画殊勲者、BEST著作、の選出あり。今見て思うのは、選出らのメンツのにぎにぎしさで、この人たちと交流あったんだ（あるいは、無遠慮に頼んだか！）と、これまた感慨を催せり！

アメリカ本国での封切作品を、Time Out誌など情報誌から、手間暇をかけ、訳出して下さったヘラルド映画宣伝部のあの方、本当にありがとうございました。私は「観覧車」を発行していた習性から（？）、情報への偏愛が氏に無理強いしたでしょう。遅まきながら、お許しを！

コラムに愉快なのが数点あり！

第29号

本文は48ページに戻り、ぺったりし、定価は３８０円で据え置き！（テイのいい値上げでありんすね！）

表紙が、通常なら、メイン・インタビューの千葉真一でなければならないが、何をトチ狂いしや、「バーディ」のマシュー・モディーンなのだった。（それも、ピンボケ！）千葉さん、お許しを！　インタビュアーの高平哲郎、カメラマンの田辺幸雄のご両所（に断りもなく）もさぞ、怒りを覚えたはずだが、千葉さんの事務所含め、抗議めいたこともなく！　私は何と寛容な方々に出会ったことか？

目次から主だった掲載記事を（上記の他に）挙げると、「トリュフォー・インタビュー」（C.V.HARRINGTOINN）、伊原三映子・訳）、「池田敏春の過激なジャンプ」（取材・起稿＝北川れい子サマ）、「西村潔監督の華麗な世界」（主席者・友和、紺野美沙子、矢吹二朗、山田順彦、桂千穂、西村潔で、このメンツによる座談会が可能だったのだろう？）、加えて、竹中労「映画街横断」連載（３）は、在りし映画館「上板東映」クロージングで催されたイベントの数々の大報告。そうですよね、名画座の消滅は、映画（古典）の消滅を意味してた、んですね。

さらば、映画よ、さらばＭＭ、なんちゃって！

第30号

これまた手元に見つからず！　右の27号の場合のように、次号のバック・ナンバー紹介欄に頼りたいところだが、同号、同欄を設けておらず！　演博図書室、松竹大谷図書館等々の状況については27号のところで述べたとおり。

第31号

いきなり、判型をＡ４に変更。せっかくヒラ綴じで頑張ってきたのに、中綴じに（初心に！）逆戻り。厚手のコート紙で、束《つか》を出し、写真映えを良くし……という涙ぐましさ！

のちに思うに、自分が作りたかった雑誌モデルは、ライバル（！）のキネ旬にあらず、「映画の友」「スクリーン」だった、らし。故郷の小さな町（沖縄県石垣市）の書店（２

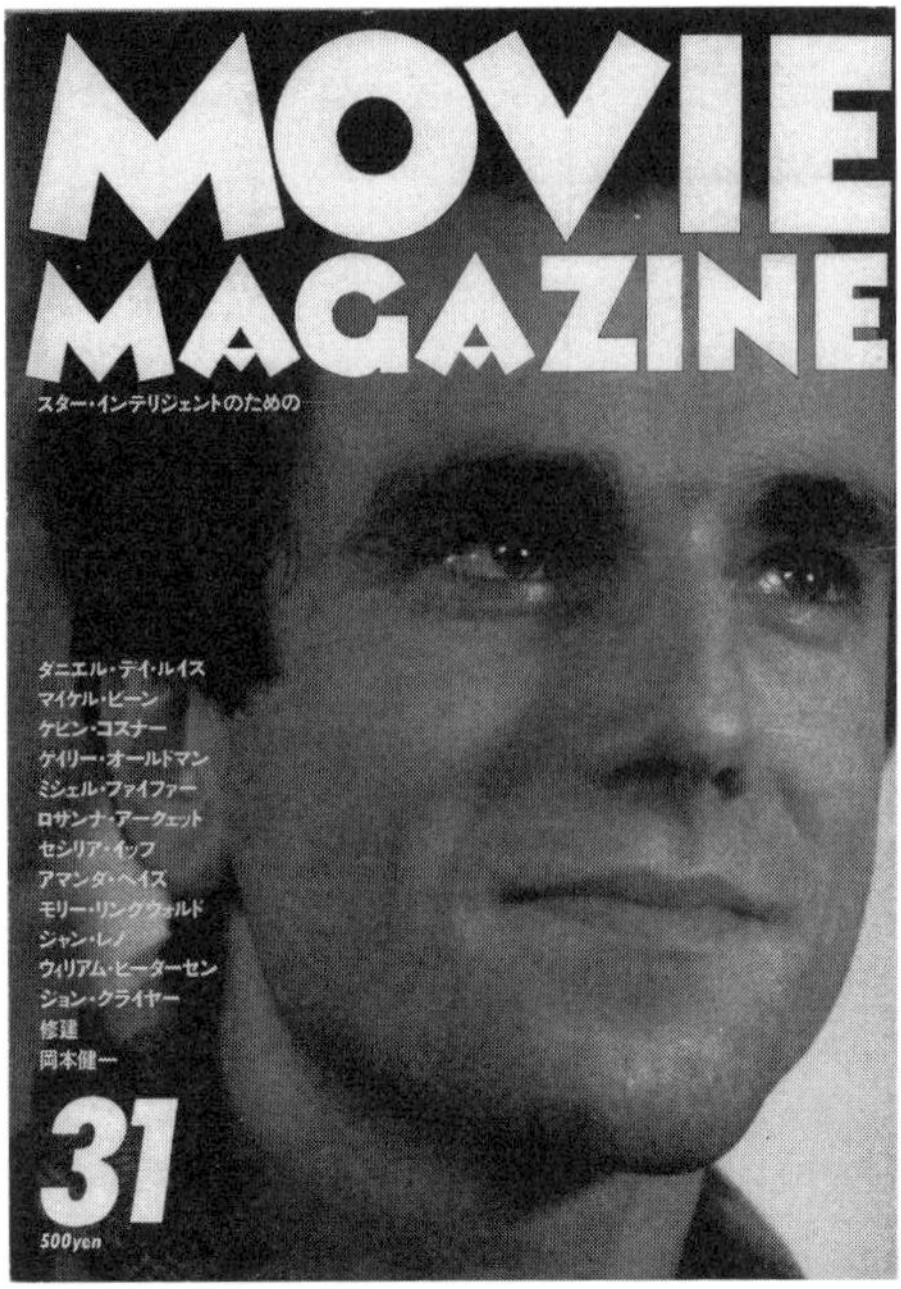

軒は在りし）の平台にあったこの洋画誌を妬んでた、のだった！（「ロードショー」誌はずっと後発ですよね！）で、この号の表紙ロゴの下に、〝スター・インテリジェントのための—〟と。わかるかな？　たぶん、知的（！）スター雑誌、の意ならん！「映画の友」「スクリーン」を超越しないでか、の意気込みなるらん？（ホラっていくらでもふけるものですね！）

　で計21名の内外スターを取り上げ、そのスター評（批評です！）とともに掲載。今見て、まるで知らない〝スター〟も！　Ａ３サイズの岡本健一のスチルが、挟み込みのごとく真ん中に。すぐ、外せて、壁に貼るなり、トイレに貼るなり、どうぞ、という大サービス！ＭＭが遂に漂着したる理想のスタイル？（もう一人のウラサキによる特産品？　でしょう）。

　それにしても、映画スチルがかくもふんだんに、ＭＭごときが使用できた驚き。もう少し後の時代になると、スチル使用に制限がかかるようになったのでしたね。

右の、各スター評の執筆者は、全く、記憶にない人も。すみません。

　インタビュー記事では、来日したオーストリアのニキ・リスト監督に取材したものを掲載。面白いカタなのだ。性はカラダの歌だ、とか、金のために映画を作るのでなく、映画を作ることに喜びを感じていきたい、とも。後者の言、今、これジョーシキでしょうね、ハリウッドとインド（？）以外では！　リスト監督、田中千世子さん（コーディネイト）、四方まやさん（通訳）、北川れい子さん（インタビュアー）の集合写真付きで、田中、北川両嬢、ピッカピカ！

　評論的ページでは、山根貞男批判が見開きで！　この気合の入った文章ダレ？（オレ、かもね？）

「人はなぜ映画館で映画を見るか・序章」は、古くて（？）新しい問題を、〝映画館倶楽部〟（こやま串二、小尾あき、小暮洸のメンバー）が座談会ふうに語る。

「映画館の広告はモエテいる！」（署名の〝敦〟は富木敦の方でなく、佐々木〝淳《あつし》〟の誤記かも。小さな記事だが、テアトル福井が福井新聞に出したらし東宝「嵐が丘」の広告に注目。キャッチコピーの一つが〝バスト総計251センチ！〟と。出演女優3人の、田中裕子82、石田えり86、高部知子83、と記し（数字が大きさ！）、〝悩殺濡れ場競艶！〟と、洋ピンも驚く売り込み！（これ、実測なんですか？）これからでも観たろ！（当方、自慢じゃないが、ペチャパイ・ファン！　おふくろのソレですくすく育ったし！　デカパイ雑誌、撲滅せん！　ウチはどっちかって？　ヒ・ミ・ツ！）この広告、今なら、セクハラ、パワハラで糾弾される？

映画館は偉い！（世間は窮屈になり候！）因みに、同館は、テアトル・サンク（チェーン5館）としてご健在のようで、当方生きてる内に、お訪ねしたきもの！

★（ホシ）取りは、約100作品を列挙し、作品総点は、●◎○の3段階、各出演者も☆及び★1ヶから4ヶまでと計5段階評価。スター・インテリジェント誌（！）の面目を施しております。

奥付け（？）にスタッフや印刷所など銘記。限りなきご迷惑に、申し訳なく！ご恩ありし方々、来世ではきっとお報いしたく！（来世が、ワタシなどに許されてる、とでも？）

第32号

これも手許に無し！　31号表2の下辺に、小さく、〝次号㉜号は、［特集・1990年のスター90人］ほかの内容で、2月下旬発売！〟と！（90を掛けてるらし！）31号の発行日奥付けの記載で、年2月1日、は2ヶ月くらい先取りしていそうだが、2か月で、出るわけねェっての！　調査不能は前号に同じ。これにて終刊。理由は言うまでもないでしょう。

ダラダラ連載、ご掲載と、ご愛読（？）に感謝申し上げ、引き取りまする！　ロンソー、覚えてろ、っうの！フルキズに触れさせやがって！（悪夢に悩まされ候！）

（うらさき・ひろみ）

珍品ショウケース⑧

『ブラックモア城の絞殺魔』

ダーティ工藤

（63・西独＊ＣＣＣ，モザイク・フィルム）黒白・モノラル・ヨーロッパ・ビスタサイズ（1・66：1）87分

Der Wurnger Von Schlb Blackmoor

製作＝アルトゥール・ブラウナー　原作＝ブライアン・エドガー・ウォーレス　脚本＝ラディスラス・フォドール、グスタフ・ロムベンドンク　監督＝ハラルト・ラインル　撮影＝エルンスト・W・カリンケ　音楽＝オスカー・ザラ

出演＝カリン・ドール、ハリー・リーバウエル、ルドルフ・フェルナウ、ハンス・ニールセン、ディーター・エップレール、ハンス・レイゼール、リヒャルド・ハウスレール、イングマー・ゼイスベルグ、ワルテール・キレール

　50年代末から60年代中期頃まで、西独を中心にヨーロッパで流行した〝クリミ映画〟という犯罪サスペンス映画の一連のシリーズがある。〝クリミ〟というのは〝クリミナルフィルム（犯罪映画）〟の略称である。これは英国のミステリー作家エドガー・ウォーレスを原作とする犯罪サスペンス・シリーズで、最初の映画化は59年、オランダのリアルト・フィルム製作によるヨアヒム・フックスベルガー主演『仮面を被ったカエル』（ハラルト・ラインル）であった。リアルト・フィルムはヒットを受けて逸早くエドガー・ウォーレスの映画化権を押さえ、西独に支社を設立した。そのため西独のプロデューサー、アルトゥール・ブラウナーはウォーレスの息子ブライアン・エドガー・ウォーレスや他のミステリー作家の原作を起用。その後、数十本のクリミ映画が製作された。日本ではフリッツ・ラングが無声時代の自作をリメイクした『怪人マブゼ博士』（60）やハラルト・ラインルの『怪人マブゼの挑戦』（62）ぐらいしか正式に公開されていないので一般的には〝クリミ映画〟の存在はほとんど知られていないが、前出のラインルやアルフレッド・ファーレルがこのジャンルの代表的監督と言われている。

　ロンドン郊外のブラックモア城（＊城というよりは大邸宅といった趣）ではクラーク卿（ルドルフ・フェルナウ）のナイト受勲を祝う宴が開催中。森を擁する広い庭園には黒覆面の男が忍び込み城へ向かう。暗闇とライトアップされた城の光と影のコントラストという画面構成は、ラインルが心酔するフリッツ・ラングの一連の犯罪映画を想起させる。さらにシンセサイザーの前身であるトラウトニウムの開発者にして前衛音楽家であるオスカー・ザラの不協和音的電子音楽が、いやが上にも不安と期待をかき立てる。クラーク卿は過去にチャールズ・マニングを殺してダイヤの原石を大量に強奪して財を築き、マニングの妻ベティとも情を通じていた。病死した彼女との間には男児があるという。さらに姪で新聞記者のクラリッジ（カリン・ドール）の父の遺産をほとんど使い込んでいた。ダイヤの原石を召使のアンソニー（ディ

『ブラックモア城の絞殺魔』プログラム（オーストリア版）
カリン・ドールとハリー・リーバウエル

ーター・エップレール）に研磨させて、パブを隠れ蓑にしているパブの店主で犯罪組織のボス、タヴィッシュ（ハンス・ニールセン）に売り渡していた。

この間にも黒覆面の男による連続殺人が発生。首が箱に入れられて送られてきて、その額にはM（＊マニング）の文字が刻まれていた。これは明らかに、ラングの『M』(32)へのオマージュだろう。スコットランドヤードのミッチェル警部（ハリー・リーバウエル）が捜査に乗り出し、関係者の洗い出しを行いながらクラリッジともいい仲になる。既出以外にも、領主のブラックモア卿（ワルテール・キレール　＊いつも民族衣装たるスカートを穿いている）、弁護士のトロンビー（リヒャルト・ハウスレール）、パブの店員でタヴィッシュの愛人ジュディ（イングマー・ゼイスベルグ　＊凄い金髪だが実はカツラ）、クラリッジのライバル紙の記者マイク（ハンス・レイゼール）といった面々。この中に黒覆面の絞殺魔がいるのだ。升目を埋めるような理詰めの展開と、随所に挿入される残酷な殺人と黒覆面の絞殺魔の意外な正体とその背景と、犯罪ミステリーのお手本のような内容で他のクリミ映画に対する興味も俄然わいてくる。

カリン・ドール（1938～2017）は、ドイツのヘッセン州ヴィースバーデン生まれ。53年、15歳の時にエキストラで映画初出演。30歳年上のハラルト・ラインルと知り合い54年、16歳で結婚し68年まで続く。マリアンネ・コッホ主演でスペイン内乱を背景にした戦争メロドラマ『命ある限り』（55・ハラルト・ラインル）で、敵側の女スパイ役という大役に抜擢され、以降も旦那作品で活躍。クリミ映画『怪人マブゼ博士・姿なき恐怖』（61）、ハンバーグ・ウェスタン『シルバーレークの待伏せ』（62）、『夕陽のモヒカン族』（64）、『大酋長ウィネットー』（65）、ドラキュラもの『ドラキュラの生贄』（67）、ラングの『ニーベルンゲン（二部作）』（24）のリメイク『大虐殺』（68）などでヒロインを演じた。他出演ではクリストファー・リー主演のハマー・ホラー『怪人フー・マンチュー』（64・ドン・シャープ）、コメディ『私は彼女をよく知っていた』（65・アントニオ・ピエトランジェリ）、変装怪盗もの『アッパーセブン／神出鬼没』（66・アルベルト・デ・マルチーノ）、御存知『007は二度死ぬ』（67・ルイス・ギルバート）、アルフレッド・ヒッチコックのスパイ・サスペンス『トパーズ』など。『007～』のボンドガールは彼女を一躍有名にした。遺作はマルガレーテ・フォン・トロッタの『生きうつしのプリマ』（15）。

ハラルト・ラインル（1908～1986）は、オーストリアのバート・イシュール生まれ。アーノルト・ファンクの山岳映画のスタントマン＆役者として映画界に入る。37年に短篇映画で監督デビューし、49年に山岳映画で長編監督デビューを果す。以降、『モンブランの怒り』（51）、『命ある限り』（55）、『U-47出撃せよ』（58）、『激戦モンテカシノ』（58）などを経て、クリミ映画『仮面を被ったカエル』（59）、『怪人マブゼの挑戦』『怪人マブゼ博士・姿なき恐怖』（以上61）、本作などで人気監督の地位を獲得する。一方、『シルバーレークの待伏せ』（62）、『アパッチ』（63）、『夕陽のモヒカン族』（64）、『大酋長ウィネットー』（65）などハンバーグ・ウェスタンでも人気を得る。フリッツ・ラングを崇拝し、ラングの『ニーベルンゲン（二部作）』をリメイクした『大虐殺』（68）は、かなりの力作だったが興行的にはうまくいかなかった。70年以降は『宇宙人は地球にいた（『未来の記憶』の短縮版）』（70）、『宇宙人謎の足跡』（74）、『歴史としての聖書』（77）などドキュメンタリーを主に監督した。80年代に引退したが、アルコール依存症の妻で元女優のダニエラ・マリア・デリスに刺されて死去した。

（だーてぃ・くどう）

協力＝戸崎英一

それぞれの俳優人生２

猪股徳樹

ルス・クリフォードという女優
Ruth Clifford　１９００〜１９９８

10代のルス

一般的に女優のライフは短い。これは世の男性というものは、若い女性が好きだから、こういう事になる。中には重厚な演技力で生き残る女優もいるが、それとて限界は来る。ルスは16歳で映画界に入り、77歳で最後のテレビドラマに出演するまで約60年間、この世界で女優人生を全うした。

エジソンが映画を発明して映画製作に乗り出したのが１９０１年。15年後の１９１６年、16歳のルスはその「エジソンスタジオ」に入社して、女優デビューを果たした。やがてハリウッドに移り、トップスターとして、この新しい産業に君臨する。当時の、乱立する全映画会社からオファーがあったと言われる。トーキーの時代になり脇役に転じて、生涯１７３本の映画と数多くのテレビに出演した。テレビ界ではディズニーのミッキー・マウスの恋人ミニィの声と、ドナルド・ダックの恋人ディジーの声で声優としてもその名を知られた。77歳のときにテレ

ジョン・フォード

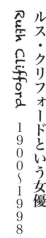

ビドラマ『ポリス・ストーリィ』で姿を見せたのが最後となる。

さらには91歳のときにミニィ・マウスの声の出演のオファーを受け、ギネスの記録を更新した。98歳で他界してしまったが、2年後の2000年にテレビドキュメンタリー番組の『I Used to Be in Pictures』に自身の昔の映像で登場。おそらくルスの生誕100年記念特別番組だったのだろう。晩年の主な作品に『ファニーガール』『彼女は億万長者』『黒の報酬』『バラの肌着』『灰色の服を着た男』『蜘蛛の巣』『女の戦場』『サンセット大通り』『都会の叫び』などなど。何故か看護師の役が多い。数えてみたら13作ほどあった。

ルス・クリフォードはジョン・フォード監督の、誰もが知るファミリーの一員としても有名である。フォード映画には15本の作品に出演した。その始まりは古く、1923年の『酒場の床の上の顔』以来である。近年の作品に『馬上の二人』『バファロー大隊』『最後の歓呼』『荒鷲の翼』『捜索者』『幌馬車』などがある。『捜索者』の狂女の演技と『幌馬車』のアル中女の演技は忘れられるものではない。
フォードは、男の世界を引き立

てるため、女優にドタバタ劇を演じさせては、女の業を反面教師に使う。ルスはその事がよく解っていて、フォードに阿吽の呼吸で応えている様に見える。

写真は上が『荒鷲の翼』下が『バファロー大隊』(前列右)

ルス・クリフォードが60年にわたる長い女優人生を続けられたのは、トップスターの座から、クレジットもされない端役のポジションに、自分を見事に軟着陸させた事だろう。それこそ多くの大女優たちが老醜をさらして消えて行くこの世界で、虚栄や自尊に縛られず、未練なんぞどこにも無いルスの人柄なのだろうと、私は勝手に想像している。ハリウッドの黎明期の思い出。名脇役としての多忙を極めた思い出。声優で子供たちの人気を博した思い出。そしてジョン・フォード一家のメンバーとして、重厚な日々を過ごした思い出などに包まれて、アメリカ映画の歴史の中を駆け抜けた、ルス・クリフォードに敬意を表しようではないか。

ボブ・モーガンという俳優

Bob Morgan　1916〜1999

ボブは良い男だ。何か男気を感じさせる。体は大きく力がありそうだ。職業はスタントマン。この商売に必要な、頑丈で強さに満ち溢れた体をしている。ボブの奥さんは超美人女優のイヴォンヌ・デ・カーロ。イヴォンヌがボブに惚れて結婚を迫ったとしてもおかしくない。たぶんそうだろう。『大いなる西部』など、ボブは俳優として小さな役でも精一杯演技をする。きっと名脇役を目指していたのだろう。

そんなボブがスタントの仕事で大怪我を負い、生死をさまよった。1962年の『西部開拓史』の、強盗が列車を襲うシーンで、ボブは主人公の吹き替えで、貨物の丸太と一緒に転落。丸太の下敷きか、列車に轢かれたのか私には情報が無いが、ボブの顔も含めた体の右半分と左足が潰れてしまった。ハリウッドの映画人の皆が、ボブの悲報

ボブの家族

『アラモ』のボブ

に輸血を申し出て、神に祈ったという。

不死身とはこの事か。ボブは一命を取り止めた。しかしボブの顔は昔の良い男ではなくなっていた。失った左足と右目は元には戻らない。ボブはこの職業は諦めるしかなかった。仕事は激減してしまったが、ボブはありのままの姿で、何本かの西部劇に出ている。『チザム』のバーテンダーや、『男の出発』の義足のカウボーイ。スタンピードで落馬して、馬上に戻れず殉職する役だった。

ボブが大怪我をする2年前、大作『アラモ』で、大勢のスタントマンの中にボブもいた。デビー・クロケット（ジョン・ウェイン）がもはやこれまでと、たいまつを持って火薬庫に入る場面。メキシコ軍がこれを阻止しようと槍を突き立てる。ついに一人の兵士の槍がクロケットの体を突き抜く。この兵士を演じたのはボブである事を後で知った。2010年頃出たBD『アラモ』（ディレクターズカット版）の特典映像の中で、ボブは「実はあの兵士は俺なんだ」と語っている。


『荒鷲の翼』の陸軍と海軍のケンカでも、ボブはジョン・ウェインに強烈なパンチを食らわせてウェインはぶっ飛んでいた。ジョン・ウェインは『マクリントック』で、イヴォンヌを準主役に迎える。

多くのアクションシーンを支え、70歳で『シルバラード』を最後にこの世界から引退し、その後、医学界は総力を集結させてボブの顔を元に戻したようだ。

ボブは二人の息子と美人妻の愛に包まれて、心穏やかたは良い男だ。

な余生を過ごした事だろう。もう一度言う。ボブ、あん

ケン・カーティスという俳優
Ken Curtis　1916〜1991
ケン・カーティスも、ハリウッドには大勢いる、波乱万丈の俳優人生を送った中の一人だ。

ケンは、最初はミュージシャンだった。今のカントリーミュージックの原点であるウエスタンミュージックの、更に民謡に近い曲風や民謡そのものを軸にしたコーラスグループ「サンズ オブ ザ パイオニアズ」（開拓者の息子たち）のリードヴォーカリストとして、その美声は知られていた。やがてこのグループはジョン・フォードに紹介され、『幌馬車』の挿入曲を任される。スタジオで対面したとき、たまたまフォードの愛娘バーバラがその場にいて、ケンとバーバラはお互いの目から火花が飛んだようだ。フォードは次作『リオ・グランデの砦』でもこのグループを起用する。しかも挿入曲だけではなく、グループ全員が軍服を着て、砦の音楽隊の役で映画出演を果たした。

ケンはフォード監督の承諾を得て正式にバーバラと夫婦になった。2年後、ケンはこのグループを退団し、フォードの次作『静かなる男』で俳優としてスタートを切る。以後、『ミスタア・ロバーツ』『荒鷲の翼』などなどフォード作品の脇役陣の無くてはならない存在になる。

ケンが監督を「お父さん」と呼んだのかどうかは定かでないが、とても興味が湧く。夕食後にアイルランド民謡を一曲唄わせられたのは周知の事実。フォードがケンを気に入った点がもう一つある。それはケンがテキサス訛りの方言で喋れることだ。『捜索者』のケンのセリフは、このテキサス訛りで通しているらしい。英語に弱い筆者は違いが判らないのだが。ケンは最後の西部劇『シャイアン』までに12作のフォード作品に重要な役で出演した。そしてバーバラとの離婚。

フォードが映画の製作ピッチが落ちた頃の1961年、ケンはテレビドラマの『リップコード』の主役を75話、2年間務めた。リップコードとはスカイダイビングのパラシュートを開かせる引き綱の名称。ケンは時代の先端職業である、プロのダイバーを演じたわけだが、ケ

ンのイメージと言えば、ギターを弾くテキサス訛りの、心優しい開拓民を思い浮かべるのは筆者だけだろうか。この当時数多くのテレビ西部劇が作られた中で、最も人気があって、長く続いたのが『ガンスモーク』であった。1955年から始まり20年間、20シリーズ、635話まで続き、あらゆる記録を打ち立てた。ダッジ市のマット保安官と保安官助手と医者が力を合わせて、トラブルを解決する一話完結のドラマ。保安官と医者は20年間同じ俳優が演じ通したが、保安官助手は3代に渡っている。3代目のフェスタス役のオファーがケンの所に来た。ケンはそれに応え、20年間の中の16年間、306話にレギュラーとして籍を置いた。

ケン・カーティス

ケンは1991年に75歳でガンのため他界する直前までテレビスターとして仕事に励んだ。

ミュージシャンとして美声で人気を集め、俳優として名作の脇を固め、大監督ジョン・フォードの家族の一員となり、テレビの超人気ドラマのレギュラーでこの時代を支えたケン・カーティス、これも一つの波乱万丈と呼んでも良いだろう。

（いのまた・とくじゅ）

原作もの映画

山本周五郎の映画化

最上敏信

毎週土曜日の夕方、地上波NHK土曜時代ドラマとして、高橋克典主演の「子連れ信兵衛」が放送された。この時代劇ドラマ枠は、BSNHKで制作放送されたもので地上波は再放送であり全話は二か月程度で完結する。引き続き「子連れ信兵衛2」も放送された。地上波ではローカル局以外に時代劇ドラマの放送がなく、NHK大河ドラマと共に期待する良質なドラマである。実はこの「子連れ信兵衛」は、作家山本周五郎の原作「人情裏長屋」を脚色したもので当初の筆名は山本周五郎ではなく、折箸蘭亭（オレハシランデイ）だった、という。

山本周五郎といえば、かなり多くのテレビドラマ化もあるが映画化はこれまでに全部で三四作品を確認した。以下の通りである。

【〇一】日活一九二九年一〇年四日公開「春はまた丘へ」監督長倉祐孝、出演伏見信子、ただしこの時も原作者の筆名は、俵屋宗八。

【〇二】新興一九三七年〇一月一七日公開「青空浪士」監督押本七之輔、出演大友柳太郎

【〇三】新興一九三八年〇五月二六日公開「戀愛劒法」監督寺門靜吉、出演大谷日出夫

【〇四】日活一九三八年〇六月二三日公開「腰元吉彌組」監督菅沼完二、出演澤田清

【〇五】日活一九三八年一二月二五日公開「喧嘩主従」監督益田晴夫、出演澤村國太郎

【〇六】松竹一九三九年一〇月二六日公開「粗忽評判記」監督小坂哲郎、出演川浪良太郎

【〇七】大都一九四一年〇四月二四日公開「曉雲武藏ヶ原」監督佐伯幸三、出演近衛十四郎

【〇八】大映一九四六年〇九月二四日公開「修道院の花嫁」監督田口哲、出演宇佐美淳

【〇九】大映一九五八年〇八月〇三日公開「江戸は青空」監督西山正輝、出演林成年

【一〇】大映一九五九年〇九月一三日公開「町奉行日記鉄火牡丹」監督三隅研次、出演勝新太郎

【一一】東映一九六〇年〇六月〇五日公開「暴れん坊兄弟」監督沢島忠、出演東千代之介

【一二】東宝一九六二年〇一月〇一日公開「椿三十郎」監督黒澤明監督、出演三船敏郎

【一三】東映一九六二年〇六月一〇日公開「ちいさこべ第一部第二部」監督田坂具隆、出演中村錦之助

【一四】東宝一九六二年〇六月二八日公開「青べか物語」監督川島雄三、出演森繁久彌

【一五】大映一九六二年〇九月〇一日公開「青葉城の鬼」監督三隅研次、出演長谷川一夫

【一六】松竹一九六四年〇一月一五日公開「道場破り」監督内川清一郎、出演長門勇

【一七】松竹一九六四年〇三月一五日

公開「続道場破り問答無用」監督内川清一郎、出演長門勇

【一八】日活一九六四年〇三月二五日公開「無頼無法の徒さぶ」監督野村孝、出演小林旭

【一九】松竹一九六四年一一月二一日公開「五瓣の椿」監督野村芳太郎、出演岩下志麻

【二〇】東映一九六五年〇四月一〇日公開「冷飯とおさんとちゃん」監督田坂具隆、出演中村錦之助

【二一】東宝一九六五年〇四月二四日公開「赤ひげ」監督黒澤明、出演三船敏郎

【二二】大映一九六七年一〇月二八日公開「なみだ川」監督三隅研次、出演藤村志保

【二三】東宝一九六八年〇六月二二日公開「斬る」監督岡本喜八、出演仲代達矢

【二四】東宝一九七〇年一〇月三一日公開「どですかでん」監督黒澤明、出演頭師佳孝

【二五】東宝一九七一年〇九月一一日公開「いのちぼうにふろう」監督小林正樹、出演仲代達矢

【二六】松竹一九七二年〇一月二一日公開「びっくり武士道」監督野村芳太郎、出演萩本欽一　※松竹に現存するプレスシートは、企画段階で一九七二年の正月と決まっていたようで、当初の題名が「初笑いびっくり武士道」とあり、これがそのまま流布されているが、画像には「初笑い」がない。

【二七】松竹一九七六年一〇月一六日公開「ひとごろし」監督大洲斎、出演松田優作

【二八】東宝二〇〇〇年〇一月二二日公開「雨あがる」監督小泉堯史、出演寺尾聡

【二九】東宝二〇〇〇年〇五月一三日公開「どら平太」監督市川崑、出演役所広司

【三〇】東宝二〇〇一年一一月一〇日公開「かあちゃん」監督市川崑、出演岸恵子

【三一】東宝二〇〇二年〇七月二七日公開「海は見ていた」監督熊井啓、出演清水美砂

【三二】キネマ旬報社二〇〇二年一〇月〇五日公開「ＳＡＢＵさぶ」監督三池崇史、出演藤原竜也

【三三】東宝二〇〇七年一二月〇一日公開「椿三十郎」監督森田芳光、出演織田雄二

【三四】ゴーシネマ二〇〇八年一一月〇八日公開「ＦＵＳＡその木戸を通って」監督市川崑、出演中井貴一

これでハッキリとしたのは、戦前に公開された七作品は、出演者も見て通りのB級映画扱いであり、原作者山本周五郎の影響力は殆どない。それどころか戦後になっても小品の扱いである。ところがそこへ突然黒澤明監督の「椿三十郎」が現れる。これは山本周五郎の「日々平安」を原作にしているのだが、シナリオライター菊島隆三、小國英雄と黒澤明監督のオリジナルにしか感じられない。まさに小説からの原作と映画では比較できない大きな差

があり過ぎる。それ以降も黒澤明は山本周五郎原作に拘り続けて、「赤ひげ診療譚」(脚本は井手雅人、小國英雄、菊島隆三、黒澤明の四人の共作)、「どですかでん」(脚本は黒澤明、小國英雄、橋本忍の三人の共作)と、全黒澤明監督作品三一本中の三本である。同様に市川崑監督も、山本周五郎原作から「どら平太」「かあちゃん」「FUSAその木戸を通って」の三作品を残している。本当は山本周五郎の小説を絶賛したいのだが、どのように表現したらよいのか判らない。ただ「よじょう」の宮本武蔵や「樅の木は残った」の原田甲斐のような著名な武士を扱うのではなく江戸の下町に生きる普通の、どちらかといえば、貧しい暮らしの長屋の人々を表現しているものが多いような気がする。山本周五郎、一九〇三年(明治三六年)～一九六七年(昭和四二年)、一九四三年(昭和一八年)「日本婦道記」が直木賞候補になるが、この直木賞の受賞を辞退。それ以後、すべての文学賞も受賞を辞退したという。多くの時代劇小説家の中で、最も愛すべき作家である。

このように映画と原作には非常に密接な関係がある。例を挙げてみると一九五五年の東映映画一〇五本公開の内、およそ八割の八四本が原作ものである。つまり企画の段階で多くの国民に読まれていると思われる原作者の映画化権を獲得することが映画製作会社とっての重大事項でありそれがそのまま観客増員に繋がったのである。そして一九六〇年代になると、柴田錬三郎原作、市川雷蔵主演の眠狂四郎と子母澤寛原作勝新太郎主演の座頭市や今東光原作勝新太郎田宮二郎共演の悪名などが大映を生き返らせ、東宝では獅子文六や源氏鶏太の原作ものが流行し、松竹は松本清張作品が永く柱となったのである。映画の主流は、新聞連載小説、大衆文学時代小説から映画化されるケースが圧倒的である。以下、個人的な興味から過去のデータではなく新たに調べて原作者別に映画化本数を確認してみた。

【〇一】	吉川英治	二一五本
【〇二】	大佛次郎	一九一本
【〇三】	川口松太郎	一六〇本
【〇四】	長谷川伸	一五六本
【〇五】	子母澤寛	一一九本
【〇六】	佐々木味津三	一〇七本
【〇七】	菊池寛	一〇六本
【〇八】	石坂洋次郎	八二本
【〇九】	源氏鶏太	八一本
【一〇】	陣出達朗	七三本
【一一】	野村胡堂	七二本
【一二】	前田曙山	六九本
【一三】	土師清二	六七本
【一三】	村上元三	六七本
【一五】	山手樹一郎	六一本
【一六】	菊田一夫	六〇本
【一七】	行友李風	五七本
【一八】	富田常雄	五五本
【一九】	三上於菟吉	五三本
【一九】	江戸川乱歩	五三本

ただし大辞典のようなものを一頁ずつ捲るという相変わらずのアナログ手

法なので誤記や欠落があればお許し願いたい。また自分にとってあまり馴染みのない菊池幽芳、佐藤紅緑、渡邊霞亭などの多くを除外したので資料的な価値はないかもしれぬ。

これが一九七〇年代後半になると、この原作者たよりの現象がピタッと止まる。原作者が亡くなり、原作者の著作を読まない知らない読者も多くなり原作を使用する意味がなくなったからだろう。それに例えば「捕物作家クラブ」などが原作者となると、一体この集団は何者？　となる。これは松竹高田浩吉主演「傳七捕物帖」全一一作（以後、東映で二作品、合計一三作）の第一作「人肌千兩」と第五作目「花嫁小判」の表記が「捕物作家クラブ」となっており、しーかたがないので第二作「刺青女難」の原作者、野村胡堂、城昌幸、佐々木杜太郎、陣出達朗、土師清二の五名を一作目の原作者にし、五作目も第四作と同様、野村胡堂、城昌幸、陣出達朗、土師清二の四名と勝手にした。

断然トップの吉川英治は、「論叢」45（二〇一七年七月）の「百人の武藏」で紹介したが二一五本の映画化作品がある。恐らく今後これだけの本数を超える作家は現れない。吉川英治はヒーローを創造する天才で、貝殼一平、「神州天馬俠」の巽小文治、「神変麝香猫」の夢想小天治、「鳴門秘帖」の法月弦之丞、宮本武藏など数多くいるが同時に国民ほぼすべてが知っているこれらの原作を次次と映画化できた時代でもあった。興味のある方は、是非参照してみて下さい。

そして「論叢」44（二〇一七年三月）では大佛次郎を扱った。大佛次郎といえば、鞍馬天狗であり、嵐寛壽郎で四一本映画化されていて、大佛次郎作品の映画化は全部で一九一本あった。途中、作家大佛次郎本人が、アラカン鞍馬天狗は、人を斬り過ぎる？　とかの理由で、映画製作に参加をするが、いかに「次郎長三国志」で有名になったとはいえ、小堀明男では相当な無理があり、しかも強敵の相手近藤勇は七人の侍で超有名になった志村喬で、弱そうな勝負は互角か？　翌年すぐにアラカン鞍馬天狗が帰って来ました。もはや原作者である吉川英治の鞍馬天狗ではなく、映画が創り出した嵐寛壽郎だからこそ映画を観るもの皆、納得したのです。

以上、表をご覧になれば判るように圧倒的に、時代劇作家が多い。原作に時代劇が多いから時代劇映画が多くなったともいえようが、時代の風、が味方をしたのだろう。

原作の小説と映画は全くの別物であると思っている。いつも期待をして映画やドラマを観るが、まず原作を越えていると感じた映画は一作もない。小説は、自分の思い通りの配役で自由に動かせるが、映画は、やはり監督の創造したものでしかない。原作を映画化するのに必要な要素はタイミング。ここを間違えると大変なことになる。

たとえば作家林不忘の原作「丹下左膳」の最後の映画化は、一九六六年五月二一日公開、東映中村錦之助主演「丹

『暴れん坊兄弟』で東千代之介を演出する沢島忠監督

下左膳飛燕居合斬り」であったが、突然、是非とも、今、丹下左膳映画を製作したいという集団が現れた。あれから三八年後の、二〇〇四年七月一七日公開「丹下左膳百万両の壷」である。どう考えてもヒットする状況など微塵もない中で、やってみなければ判らない！という気持ちだけでは、映画は完成しない。自分の金で思い通りに作りたいものを作る、という集団のなんと多いことか。一九九五年頃、銀座シネパトスの支配人時代に、若い女性が突然やって来た。「弟（どうやら若い監督のお姉様のようだ）が家の権利書を持ち出して行方不明なのですが！こちらに来ていませんか！」（その後無事だった！）

どうやらそこまでしても、映画を製作したいらしい。全く映画を知らない人たちばかりである。映画は製作完成すれば終わりではない。最初に完成された映画を複数のプロ専門家に観て貰う必要がある。ここでどうにも興行（映画館で一定期間有料の観客に観せることが可能なモノ）することが無理だと判ると、その結果、宙に浮くとか、「お蔵入り」になるのだ。聞くところによれば、現在その数、数百本以上になるという。さらに必要なお金は、製作費だけではない。映画の公開が決まれば、プリント費広告宣伝費など製作費と同様の額が必要となる。とても素人では、手が出せない金額である。もうすでに始まっているのが、製作委員会方式での映画製作。出資するスポンサーが各自の得意分野で公開以降も収益を挙げられるようなリスクを回避する方法。

こうした少なくとも旧来の小説家などの原作者たちの映画化は全く無くなる可能性もあるが、個人的には、江戸川乱歩と谷崎潤一郎だけは、まだ残るような気がする。

永い間、鬼を退治するのはてっきり桃太郎だと思っていたが、集英社「週刊少年ジャンプ」に連載された漫画「鬼滅の刃」は、原作者吾峠呼世晴から、新たなヒーロー竈門炭治郎が現れた。もうすぐに実写版の映画は終わりになるのか。それともアニメーションが優位だと、風の流れが変わった？

（もがみ・としのぶ）

血祭りにあげられた男たち

旗本退屈男の悪人斬り

二階堂卓也

時代劇は東映といわれた時期があった。一九五〇年代から六〇年代半ばまで、あまたいたヒーローの中で知名度、存在感、人気が抜きん出ていたのは何といっても市川右太衛門が演じた「旗本退屈男」だろう。

「右門捕物帳」の作者でもある佐々木味津三の同名小説が原作で、昭和5年の無声映画『旗本退屈男』を1作目に戦前は9本、戦後は東映で20本（前身の東横映画での2本を含む）、松竹で1本作られ、アラカン（古いなあ）の「鞍馬天狗」の40本には及ばねど、同一俳優によるトータル30本は、シリーズものとして大いに誇ってよい。

将軍にお目通りできる（これは特権とされる）直参旗本でありながら、城勤めなどどこ吹く風と、本所は長割下水の屋敷に起居し、吉原で芸者遊びもする御仁だが、ひとたび事件勃発となるや、天下御免の向う傷をトレード・マークに、腰の愛刀平安城相模守を抜き放ち、諸羽流正眼崩しで群がる悪人ばらをバッタバッタと斬り伏せる退屈男こと早乙女主水之介の活躍についてはすでに流布しているから、それを繰り返すのは愚の骨頂。

ならばと、ここでは趣向を変え、その無聊な日々を打ち破る騒動を起こし、ご政道に弓引いた輩どもの悪行ぶりを総ざらえしてみたい。本シリーズの面白さは彼らの暗躍と跳梁跋扈にもあったのだ。

総ざらえなどと大見得切ったはいいが、接したのは戦後分17本であること、大雑把ながらテーマ別に構成して

いくので、記述は公開順にはなっていないことを了解されたい。未見作品（脱稿までソフト未発売）には★マークを添えた。３作目からの前サブ「旗本退屈男」は省略してある。

1 毒殺魔と伊達騒動

シリーズを通して目立つテーマはお家乗っ取りと幕府転覆である。前者はおおむね、忠義面をした家老が藩の主君に取って代わろうとする策謀——いわゆるお家騒動。これよりスケールがでかいのが後者——将軍暗殺も辞さず、武力によって政権奪取を目指す反乱——いわばクーデターで、この話が一番多い。首魁は老中クラスか、野《や》にいて虎視眈々と機会を窺っている陰謀家だ。

退屈男の基本スタイル

お家乗っ取りは戦後1作目の東横映画『旗本退屈男捕物控前編・七人の花嫁』及び2作目『同後編・毒殺魔殿』（共に50・松田定次＆萩原遼）に早くも描かれている。松平家の主君、出羽守が毒殺される。犯人は配膳係（島田照夫＝のち片岡栄二郎）と目されるが、退屈男が乗り出し、家老の石丸刑部（沢村国太郎）や、その甥の鉄斎（戸上城太郎）、医者の抱庵（原健策）の動静を探る。

後継者には仏門に入っていた実弟の吉則（大友柳太朗）が就くが、彼もまた毒殺されそうになり、恐怖から錯乱状態に陥る。陰湿な権力争いをしているお局《つぼね》たちも犠牲になっていき、怪事の前触れか、腰元（千石規子）が奏する琴の音と猫の鳴き声しきり。怪奇ミステリのような展開は興味を惹く。

吉則と退屈男の問答で、毒殺魔にして乗っ取りの張本人は吉則と判明。あえて真犯人をバラしたのは、のちの東映時代劇では武骨なまでの正義漢のイメージが強かった大友柳太朗の極悪人ぶりに恐れ入ったからだ。舌ったらずのエロキューションはこの頃からだったが、狂的な目つき、物狂おしい錯乱ぶりは迫真の演技。

ただし、主水之介の謎の解明は「多羅尾伴内」シリーズ（47〜60＝断続的に11本）のラストにおける片岡千恵蔵のブツブツつぶやくそれと同じで（脚本はどちらも比佐芳武）、殺人の動機や毒殺の手順が要領を得ない。「七人の花嫁」とは吉則の色欲の餌食になった女たちの意。退屈男の取り巻きの一人〃つむじ風の半次〃に高田浩吉。クレジットに進行主任と出るのは、やがて東映二代目社長になる岡田茂だ。

本シリーズを見始めたのは、東映娯楽編といわれた子供向けの連続もの「笛吹童子」（54）「百面童子」（55・共に三部作）などのあとで、タイトルに記憶があるのは『謎の幽霊船』（56）『謎の大文字』（59）など5、6本に過ぎないが、冒頭に不可解な事件が起こり、そこに陰謀の臭いを嗅ぎつけた退屈男が行動を開始、終盤のチャンバラに持っていくパターンと、豪放磊落、酒に強く、女にもモテモテという主人公のキャラクターは、とっくに完成されていたようだ。

もっとも、そんな人となりは右の二部作を見ると、いささか異なっている。主水之介は元々南町奉行、早乙女備前守の嫡男で、堅苦しい武士の仕来りや士農工商の身分制度に嫌気がさして出奔。目明しの伝七（月形龍之介）の娘（喜多川千鶴）と相思相愛の仲となり、長屋に所帯を持っている。玄関脇には「よみ書き指南」「さいなん、けんか買ひます」の看板がある。勘当はしたが、その心情を理解している父親役は進藤英太郎。かかる設定は原作の踏襲か、脚本の比佐芳武の改変か、筆者にはわからない。とまれ、主水之介は既婚者だった意外な履歴を知ったわけだが、この設定は東横の二編まで。

松島見物で奥州路に入った退屈男が、伊達六二万石の忠宗公（片岡千恵蔵）のご乱行や、忍者の出没を知るに及んで、お家乗っ取りを企む集団を一掃する『旗本退屈男』（58・松田定次＝14作目）は、史実にある伊達騒動が元ネタだ。右太衛門の300本出演記念のオールスター映画で、共演者は千恵蔵以外に中村錦之助、大友柳太朗、東千代之介、大川橋蔵と主演級がズラリ。悪役陣も叛徒の重臣に進藤英太郎と山形勲、忠宗の女狩りアシスタントに原健策、幼君毒殺を謀る御典医に柳永二郎と豪華だ。幕府側の国目付、薄田研二まで加担している。

中でも、我儘で癇癪持ちの忠宗にひたすらへつらいつつ、こっそり情報を流している原健策が抜群だ。姑息で腹黒く、最後は尻尾を出す――表情豊かに、こういう役どころをやらせたら天下一品ではあるまいか。

〝シリーズ初の新剣法〟と謳われた主水之介の諸羽流比翼の構えは『毒殺魔殿』で披露済み。二刀流というだけで、正眼崩し同様、具体的にはよくわからない刀法だ。忠宗の振舞いには裏があったことも判明する。

シリーズを通して見ると、主水之介が物見遊山で出かけた土地で事件に遭遇するケースは珍しくないが、幕府の依頼で不穏な動きのある藩を偵察する隠密の役目を果たしている作品もある。天下御免の直参旗本という身分も利してのことだろう。本作では騒動に偶然首を突っ込んだようで、実は忠宗の放埓《ほうらつ》を案じた五代将軍綱吉の意を受けての旅だったことが明かされる。越後は加納藩の乗っ取りと財宝横領を企む家老（薄田研二）の野望を砕くのが『謎の百万両』★（54・佐々木康＝7作目）。

2　天下を揺るがす大芝居

お家騒動など小さい小さいとばかり、将軍の座を狙う男たちも現れた。4作目の『江戸城罷り通る』（52・大曾根辰夫）は松竹映画とは知らず、オープニングの富士山を見て驚いた。――将軍家ご落胤とされる徳川浄海坊一行が大名行列さながらに、そこのけそこのけとばかり江戸を練り歩いてくる。乱暴狼藉承知の上で馬で乗り付け、駕籠から姿を見せた豪奢な身なりに総髪の男を眼光鋭くハッタと見据えた退屈男、「その形相不敵なることを企てるも人品伴わず、眼中殺伐の気味あり、天下を狙う稀代の大山師」（台詞要約）と睨む。演じるのが前年に古巣の松竹に復帰していた高田浩吉で、能面のような無表情な顔に白痴のような眼差しが薄気味悪く、ただならぬ気配を見せるのは、さすが役者である。

この男、正しくは法然という三河生まれの小坊主で、老婆を殺し、彼女が後生大事に持っていた書付と徳川の家紋入り袋を証拠の品として、我こそは将軍の若君であると乗り込んできたのだ。誰が見たって八代将軍吉宗治世に起こった天一坊事件を彷彿させる筋立てで（クレジットには「徳川将軍」とあるだけ）、この大芝居の参謀役、北村内膳正（柳永二郎）は山内伊賀亮に相当し、となれば、これは焼き直し。

一味は退屈男に刺客を向け、妹の菊路（岸恵子）を拉致、やはり江戸にきた本当のご落胤、小次郎（大木実）を襲いもするが、主水之介にとっては退屈の虫封じに恰好の相手でしかない。お上を動かして切腹を強要する策も失敗。この場面、退屈男が含み笑いから、こらえきれずに呵々大笑するのは定番のようである。

かつて法然の悪事の一部始終を盗み見ていた権八（小林重四郎）が強請《ゆす》りにくると、浄海坊、それまでの威厳もどこへやら、ガラリ一変、「おう、権テキ！」と、伝法口調になるところなど、高田浩吉、役者やの～と再び唸りたくなる。終盤、昔の悪行が芝居で再現される趣向が面白く、野望潰えた浄海坊、「俺たちの芝居も幕引きか」と、参謀と共に最後の悪あがき。ただ、法然が殺した老婆は何者か。北村内膳正と結託した経緯も、彼らが小次郎の存在を知った事情も不明瞭なのは残念。岸恵子も大木実も最初は全然わからなかった。退屈男と女優の絡みが多いのは松竹映画だからか。

余談になるが、主水之介の叔父として出てくる老中松平左近将監（市川小太夫）は、大岡越前守忠相と並んで吉宗の懐刀とされた人物。将軍になる前、あちこちで手を付けた女が相当いたという吉宗の逸話を元にしたのが山田風太郎の『忍者月影抄』だ。

戦前の退屈男ものは右太衛門プロが製作し、松竹キネマ（松竹の前身）が配給していたと知ったのは後日のこと。己が不明を恥じるしかない。右太衛門は千恵蔵と共に東映の取締役ながら、俳優としては他社出演に自由が利いたらしく、松竹には同年に『月形半平太』もある。前年には千恵蔵が新東宝で『殴られた石松』に主演している。五社協定ができるのはまだ少し先の話だ（53年）。

お世継ぎ成りすましの大芝居は19作目『謎の七色御殿』（61・佐々木康）で再現される。さしもの退屈男も驚愕する遠大にして緻密なプランで天下を取らんとするのが伊豆山中にある葵の宮の大宮司、宗像寛山（月形龍之介）。将軍の嫡男、鶴丸の弟の義丸の養育者で、江戸城で成長した鶴丸（山城新伍）を殺し、義丸（菅貫太郎）を次期将軍に――との画策だ。腹心の宮司に徳大寺伸と小堀明男、元亀、天正時代の柄の短い手槍を使う黒装束の一団（土地の郷士たち）の領袖に吉田義夫は、かなりの好メンバーだ。義丸に夜伽を強制され、一人、二人と殺されていく巫女たち。祟りの洞窟と呼ばれる鍾乳洞、怪異な大石像――エロと怪奇のテイストも効いている。

大宮司が我が子を幼時に亡くしたとの話を耳にした退屈男は、御典医の遺した診察記録から義丸の右肩には赤痣があると知る。葵の宮での兄弟初対面の日、退屈男の詰問に義丸が片肌脱ぐと、そこには確かに赤痣が！。

これは瞞着で、寛山は義丸と実の子を赤子の頃にすり替えていたのだ。「男とばれちゃ仕方がねえ」と啖呵を切った弁天小僧さながらに開き直る菅貫太郎がいい。悲運の義丸君は鍾乳洞の柱石に衣に包まれ、溶けず腐らず、永遠の眠りについていたとわかるシーンは、なぜかずっと記憶にあった。ゲスト出演の村田英雄、こまどり姉妹、花村菊枝の挿入歌頻繁には辟易。

3 柳沢吉保と京都所司代の悪行

天下取りを狙う輩は続出するので、幕間として江戸と京を騒がせた悪党の所業にも触れておく。一人は綱吉に寵愛されたという柳沢吉保。

菅貫太郎

8作目『謎の怪人屋敷』（55・渡辺邦男）には天下の悪法とされる生類憐みの令を出した綱吉（月形龍之介）に阿諛追従、絶大な信頼を得ている大老（老中の最高位）として出てくるが、演じるのが悪相はともかく、知恵はなさそうな阿部九州男なのが心許なく、肝心の悪事が具体的に描かれていないのが致命的。その動静を探っていた服部ナントカが行方不明になっていることに疑問を持つ退屈男だが、その間の事情や説明が一切ない。どの梗概を読んでも役に立ちはせぬ。

柳沢の別邸を指す〝怪人屋敷〟には怪人など出てこない。芝居の座長（進藤英太郎）が主水之介を俄か役者に仕立てて訪れる理由も不明。服部某の幽霊が出そうな怪談ムードは思わせぶりだけ。その死体が転がっているような場面は画質音声共に不良で判然とせず。何が何だかさっぱりわからない。妹が綱吉の側室に収まって有頂天になった原健策に空威張りの間抜けな三枚目役を演らせたのも失敗だ。

国と民を思う主水之介の説得に反省した綱吉が柳沢の処遇を追って沙汰するラストも煮え切らない。「一年後」などという悠長な字幕が途中で出るが、その間、主水之介は何をしていたのでしょう。天皇とまで呼ばれた百戦錬磨の監督の仕事とは思えない大駄作。柳沢は実在した人物だが、虚構の世界での評判はよろしくない。

その悪行が具体的だったのが10作目『謎の決闘状』（55・佐々木）。将軍家御用達を狙う商人を利用、娘たちを好色な綱吉（加賀邦男）の側室候補に仕立て上げて味見をさせ（そんな場面はないが）、あと腐れないよう毒殺していたのだ。今回演じるのは貫禄十分の進藤英太郎。片棒担ぎが護持院（徳川家の祈祷所）の大僧正、隆光（吉田義夫）と執事の了山（堀正夫）。

このコンビは絶妙のキャスティングで、女たちを清めるとの名目で真言宗独特のお祓いのシーンも仰々しくていい。仕上げに飲ませる御神酒に入っているのは、彼女らを永久に眠らせる毒薬だ。

そんな裏があることなど知らぬが仏の綱吉、ノホホンと歌と踊りの饗宴にお忍びでやってくる。真相を摑んだ主水之介、巻中で子分の半次（大川橋蔵）が殺されたこともあり、会場に乗り込むや、隆光らを蹴っ飛ばし、側室たちを監督していた老女まで情け無用、一刀の下に斬り捨てる。大胆不敵な天下御免ぶりはつとに知られたところだが、今回は柳沢を倒すや、恐れ多くも上様にも白刃を向け、成敗しようとするが、さすがにそこまではやらず、最後は比佐芳武がうまくまとめた。

「決闘状」は将軍家指南役、小野忠常（月形龍之介）から送られた左封じの果たし状。小野も隆光も実在人物。監督は月形、橋蔵、美空ひばり（柳沢の間諜役）をしっかり立てていて、ソツがない。

京の護衛や朝廷の監察をしている京都所司代のお宝横領が9作目『謎の伏魔殿』（55・佐々木）。長崎で海賊に強奪された南蛮船の金銀財宝が堺の港まで運ばれたあと、所在がわからなくなる。何か知っていそうな男や女、さらに目明し（龍崎一郎＝渋い！）まで殺される。

葵祭にきていた退屈男、事件を調べていた与力（徳大寺伸）のお役御免に何かあると踏んで動き出す。悪の首魁が佐々木孝丸なのは物足りないが、能楽師の幽斎役の進藤英太郎と、毒殺も辞さぬ医者の玄白役の山形勲が強力タッグを組んでフォローしている。

幽斎が目明しの娘（田代百合子＝身分を隠して住み込んでいる）を手籠めにせんとするシーン――「あれえ、何をなさるのですか」「おとなしくせい、悪いようにはせぬ」「ああ、ご無体な」「ええい、うるさい」というやり取りは東映時代劇ならではの見せ場の一つで、私などはガキのくせに密かに楽しみにしていたものだ。本作ではないが、帯を解かれた女優がクルクル回る仕種がよかった。幽斎が迫るのは新築なった能舞台お披露目直前で、何もそんな大事な時にコトに及ぶこともないのにとも思うが、ここは観客へのサービスだ。

お宝はその舞台の床下にあり、剣戟第一幕。アタフタ逃げる男たちを追って退屈男、京都所司代にまで乗り込んで剣戟第二幕。配下の一人、青柳竜太郎の風貌がいい。特別娯楽編（テレビ映画の劇場公開版）『白馬童子・南蛮寺の決斗』（60・二部作）における長崎オランダ商館の偽甲比丹（カピタン）役はよかった。大柄の体に異人の衣装をまとって怪しげな日本語をあやつり、ドロンパッと忍術もどきに姿を隠し、最後は青龍刀をブン回しての大暴れは忘れ難い。

4　由比正雪の遺児たち

東映時代劇の悪役ナンバー1《ワン》は進藤英太郎だ。誰が何といおうと、これは譲れない。役幅広く、表と裏の顔を使い分け、独特の声とエロキューションもよく、主人公に追い詰められると、周章狼狽して逃げ回るサマがよかった。山形勲は表情豊かならず、直情径行の強引さ一辺倒のタイプ。一方、常に冷静沈着、怖さ、重厚という点で一目置かざるを得ないのが月形龍之介。水戸黄門も演じた役者だから、それは当然としても（「水戸黄門漫遊記」シリーズは54年から14本）、12作目の『謎の紅蓮塔』（57・松田定次）では、ご神力の秘法による御託宣が評判の神坂道節なる教祖に扮し、退屈男と渡り合った。

実はこの男、かの由比正雪の忘れ形見、縫之助で、父の無念を晴らすべく、緋龍閣なる妖しの塔を本拠に幕府転覆の大プロジェクトを組んでいた。市中のあちこちに軍学者や手練れの者たちを住まわせ、信州の豪商から軍資金にすべく三万両を横領しようと画策。

さらには「退屈覚ましの揉め事探し」を名目に挑戦してきた退屈男を封じんと、信者に取り込んでいた将軍の生母、桂昌院（勝浦千浪）を動かし、早乙女家を閉門（一種の禁固刑）にしてしまう。

もっとも、そのまま蟄居していては映画にならないので、主水之介が強行突破するのは可愛がっていた長屋の少年の母が道節に殺されたと知るからで、これは死なせることもなかった先の橋蔵の落命同様、スマートな脚本とはいい難い。公憤より私憤の色合いが濃くなっているからで――こういう手法は主人公の怒りを爆発させるため重要な脇役を死なせる後年のやくざ映画に頻繁に見られるようになる。主水之介の決死の斬り込みに道節は薙《なぎ》刀《なた》で応戦するもバッタリ。緋龍閣は爆薬によって紅蓮の炎に包まれる。

メイクと扮装に凝り、また、不具者を演じるのが得意だった怪優、団徳麿が片目の男役で顔を出している。月形龍之介が唐人（当時の中国人の呼称）海賊と結託して龍造寺家の宝物を狙う『どくろ屋敷』★（54・松田定次＝6作目）には、藩主の難病治療には生娘の生き胆が最適とする不気味な医者役だったとか。

15作目『謎の南蛮太鼓』（59・佐々木）は大いに目先が変わった。湯島聖堂（孔子を祀る霊廟）完成に吉田義夫率いる唐人曲戯団が親善使節として来日。色とりどりの衣装の一行の大パレードが壮観だ。その演目は空中鞦韆《ブランコ》あり、美女串刺しのマジック・ショーありで大いに楽しい。ピエロの怪しげな日本語の口上も笑わせる。デビュー二年目、京撮での時代劇初出演の佐久間良子の可愛い支那服姿も見られる。並行して切支丹信者を騙《かた》る一団による放火、強盗、婦女子誘拐が頻発。『赤ひげ』（65・東宝）で描かれた小石川施薬院では病人が板の間に煎餅布団で臥せっているのに、お犬様が綿布団の上、豪奢な駕籠で運ばれてくるのを見た退屈男が、「人より犬畜生が大切とは何たるご政道」と、怒りを露わにするのが興味深い。

退屈男は信者の庇護者として現れた浪人（山形勲）と、切支丹弾圧を強引に推し進める老中、酒井美濃守（進藤英太郎）が幕府への大陰謀を企て、一連の強奪事件も彼らの仕業との確証を得る。浪人は由比正雪の遺児道雪で、清国に逃れて機会を窺い、美濃守と結託、曲戯団の興行に綱吉を招き、暗殺を目論んでいたのだ。

悪徳坊主の隆光の加担や閉門命令など、「決闘状」と「紅蓮塔」との類似性が見受けられるものの、婦女子らが鉄砲と交換するための人質として品川沖の船に監禁される設定や、道雪がもう一つのアッと驚く〝顔〟を持っていたトリックなど、あれこれ工夫をしている。悪玉をことごとく倒して綱吉に褒め言葉を賜る退屈男に、施薬院で見せた悪法への批判姿勢が消えているのは娯楽映画の限界であろうか。

5　宮島と修学院での蹶起

ここで柳沢吉保と京都所司代に再度、登場してもらおう。彼らもまた天下取りの野望を持っていたのである。

『謎の蛇姫屋敷』（57・佐々木康＝13作目）は、いまだ徳川政権に不満を持つ西国の外様（旧豊臣派）大名を集め、綱吉に代わって征夷大将軍たらんとする柳沢（山形勲）の策謀。まずは、三千万両を埋めた場所を記した地図が隠されているという立花家所蔵の旗指物を奪う。

是が非でも軍資金にしたいところだが、その秘密を解くには長崎で売られている赤色のギヤマン（ガラス）が必要とわかる。ならばと、家来を当地に派遣し、その入手を命じる一方、オランダ人から大砲購入の話を進め、安芸の宮島（厳島）に新築した別邸に綱吉を招待することに成功するが…。

――と、話は大掛かりなのに山形一人ではどうにも弱い。コブラを操る吉田義夫は不気味でいいが、ナンバー2《ツー》が加賀邦男では頼りない。それほど、本シリーズは悪役が重要なのである。青柳竜太郎や沢田清や清川荘司も出演しているのだが、もはや彼らの時代ではなくなったか。江戸から長崎、宮島と舞台が転々とするのも焦点がぼやける結果になり、旅の途中の退屈男の立ち回りもしようことなしに設けたような案配だ。本作以降はすべてカラー作品になる。

旧豊臣派の動員作戦は『八百八丁罷り通る』★（53・佐々木＝5作目）で倒幕を練る兵法学者（進藤英太郎）が立案している。この方策は他の諸作でも取られている。

『謎の大文字』（59・佐々木康＝16作目）における京都所司代、内藤大和守（山形勲）の新政権樹立プランはなかなかのものだ。まず、帝《みかど》の身辺にいる公卿たちを取り込み、上洛した島津忠恒（宇佐美淳也）に挙兵を促す。促すと書いたが、島津家の菩提寺の瓦が溶解すれば鉄砲の弾丸になる鉛であることを掴み、これを島津藩の軍備増強として幕府に通報するとの恫喝である。

島津が動けば、西国の反徳川勢力が同調するとの計算で、念には念をと延暦寺や比叡山の僧兵たちにも戦闘準備をさせるしたたかさ。単純ワルが多かった山形には珍しい（？）智略ぶりではないか。

ところが、忠恒会いたさに姫が上洛してきたり、それを島津藩の侍たちが追ってきたり、襲撃された大物公卿がしばらく出てこなかったり――それらの理由が伏せられているためドラマが進まない。忠恒の熟慮――というより、優柔不断が輪をかける（こういう場合、宇佐美淳也は適役といえば適役だが）。主水之介がわざと大和守の虜になる設定も展開を鈍くした。

それでも修学院《しゅがくいん》での乱戦は凄かった。帝の駕籠から姿

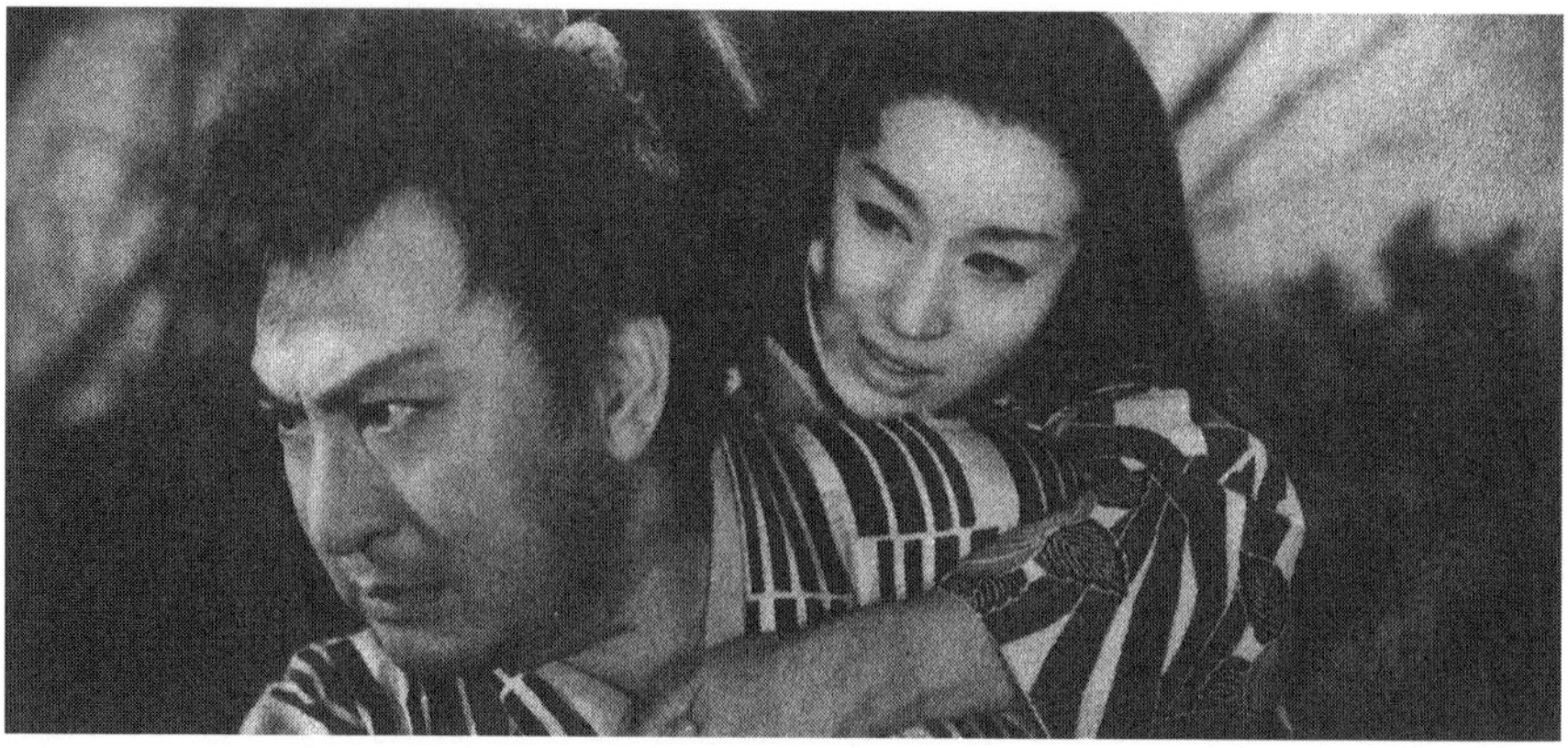

勝浦千浪。『隼人族の叛乱』で市川右太衛門と

を現す退屈男に叛徒は仰天。蹶《けっ》起《き》の合図は季節外れの大文字焼き。これを見て僧兵が怒涛のように押し寄せる。恐慌を来して逃げ惑う群衆も忘れないエキストラ大動員の圧巻シーンで、これだけの撮影が当時の東映京都はできたのである。迎撃するのは大和守の魂胆を知った島津一党。このシリーズには珍しい集団戦だ。

大和守のそもそもの蹶起の動機は、ご禁制の抜け荷による私利私欲が露見しそうになったからなのだが、収賄容疑に知らぬ存ぜぬ記憶にないなどと頬被りしている昨今の政治家や役人どもの厚顔無恥ぶりを知っている我々は、それくらいでソコまでやるかとの疑問は残る。まあ、娯楽映画だからいいか。

＊

本稿では準レギュラーの菊路（主水之介の妹）、近習の霧島京弥（女と見紛う美形若衆）、主水之介の側用人（役名不定）の役割はほぼ割愛してある。退屈のお殿様に付きまとう女たちも同様なのは、単なる賑やかしだからだ。ただ、『謎の紅蓮塔』で名を出した勝浦千浪（何人の方がご存知か）には注目した。松竹（歌劇）出身で、一九五四年に東映と契約。本シリーズを含めた出演作13本はすべて右太衛門主演作。特に目立つ役があったわけでもないが、ずっと好感を持っていた。こういう、ひっそりとスクリーンから消えていく女優が私は好きだ。

6　南国騒擾記

シリーズ初のカラー作品『謎の幽霊船』（56・松田定次

＝11作目）には琉球王国の反乱グループが登場する。首里城から薩摩藩に貢物献上にくるのが神田隆と永田靖。支那服風のウチナースガイ（琉装）が異国情緒を漂わせる。二人は王（三島雅夫）が重篤で、幼い王子は気が触れ、新王には重鎮たる進藤英太郎を推挙したい旨を伝えるが、ほどなく、女と男が連続して殺される。

「退屈の虫にそそのかされて」（台詞）薩摩まで繰り出していた主水之介、男の首に刺さった吹矢にハブの猛毒が塗られていたこと、襲ってきた覆面の一団が唐手を駆使し、得物が青龍刀であることから南の島に不穏な動きを察知して海を渡る（日本の空手は沖縄に伝わった中国拳法がルーツとされる）。

王に一服盛って衰弱せしめていた進藤は、王子と侍女の里枝（高千穂ひづる）を陣屋に監禁。内偵にきた薩摩藩の一番家老（薄田研二）に気骨ありと見るや、二番家老（原健策）を酒と女でコロリと篭絡させる。あまつさえ、清国を後ろ盾にする唐人海賊の首領、孫大人（山形勲）と連携し、薩摩一国どころか、幕府転覆のクーデターを企んでいたのだから、これもスケールがでかい。進藤と山形がいては阿部九州男と並ぶ悪相の富田仲次郎が吹矢遣いの下っ端なのは当然。怪メイクの巫女役は千石規子。幽霊船は出てこないけれど、こうした怪奇的な命題で興味を惹くのは東映のうまいところだ。

ラストの大殺陣、今回は退屈男の敵がベラボーに多く、ダブル・ヘッダーで行なわれる。『謎の伏魔殿』は場所の移動がスムーズだったから気にならなかったが、ここでは進藤を倒す第一幕の屋敷から、地理的に相当離れていると想像される第二幕の陣屋へ向かう際、主水之介が疾走するのはともかく、孫一味も走って追うのには唖然とした。おまけに、この場面が長い長い。

ここは双方馬を飛ばすのが自然だ。ロケなどしていまいが、沖縄は古くから馬産地だったから、よけいそう思う。陣屋で孫大人が簡単に斬られ、残った連中が一斉に退却するのはもうヘトヘトで、戦うエネルギーなど残っていなかったからに違いない（笑）。

右太衛門は乗馬ができなかったのではないかと、ここで湧いた疑問は『あらくれ大名』（60）に接して払拭したけれど、トロット（常歩）かキャンター（速歩）がせいぜいで（それでも大したものだが）、さすがに競走馬のようなギャロップ（襲歩＝疾駆）は見せていない。

ご落胤を検分に急ぐシーン（『江戸城罷り通る』）や、ラストで江戸城へ向かうシーン（『謎の紅蓮塔』）は後ろ姿。

綱吉のピンチに馬を駆る『謎の南蛮太鼓』はロング・ショットで遠目には判然としない。これらはいずれもスタンド・インだろう。年間スケジュールが決まっていた重役俳優だし、落馬して骨折でもしたら、それこそお家の一大事。そういえば、片岡千恵蔵の馬上姿もイメージが湧かない。比較しても仕方ないが、こうなると、アメリカの西部劇俳優は大したものだと感心する。

閑話休題。『謎の幽霊島』（60・佐々木＝7作目）の舞台は幕府の唯一の外国（ポルトガルやオランダ）の玄関口にして、異人たちの本土流入阻止の場でもあった長崎出島。退屈男が長崎奉行（進藤英太郎）に「出島も変わりましたなあ」というのは、悪徳奉行（月形龍之介）や偽唐人（上田吉二郎）ら密輸団一味を倒した3作目『唐人街の鬼』★（51・中川信夫）以来、二度目の〝出張〟になるからか。

海に浮かぶ人工島に聳える西洋の城のような紅龍館の外観がいい。広いサロンには洋風の椅子やテーブルが並び、舞台まで設えられている。庭園には花壇や噴水施設。あちこちにきらびやかな衣装の西欧人や中国人、ターバンを巻いた召使たちがウヨウヨしており、異国情緒どころか、無国籍ムードが漂っているのも大いによい。

進藤は徳川転覆の陰謀を計画中。つるんでいる悪徳商人が支那服姿の山形勲、配下に沢村宗之介、戸上城太郎。彼らはご禁制の阿片をエサに、九州の反徳川の雄たる島津以下、細川、鍋島の外様三藩を味方に一斉蜂起を目論んでいるが、真の黒幕は別にいる。茶人のような恰好をして紅龍館に君臨している伴夢斎という謎の老人だ。

東映時代劇で進藤、山形に顎で命令できるのは月形龍之介しかいない。その正体はこれまた旧豊臣の宇喜田秀家（実在人物）の末裔と判明。あとはラストまで一気に突き進む作劇法が成功した。

大勢の捕囚が呻き、阿片中毒者が蠢く地下の牢獄の惨状に、「出島を舞台に剣の舞、とくと見せてくれようぞ！」と見得を切る退屈男の立ち回りも、従来とはまったく異質の場所で行なわれるから興趣満点。背景を変えるだけで、これだけの新鮮味が出るのである。こうなると、『唐人街の鬼』が見たくなるから因果な話ではないか。脚本は東横時代から主に時代劇を手掛けてきた結束信二。退屈男ものはこれが初めて。以下最終作まで担当する。「幽霊島」は長い間「ゆうれいとう」と読んでいた。

7 尾張名古屋の釣天井

続く18作目『謎の暗殺隊』（60・松田定次）は呪法、忍者集団、釣天井と、これも趣向ふんだんだった。冒頭、行者スタイルの皎雲斎（山形勲）が護摩を焚き、怨敵強伏の札を掲げて印を結び、呪文を唱えている。うなされる将軍綱吉（黒川弥太郎）。寝所の床下には藁人形が打ち込まれている。怨霊退散の札を前に邪気を祓う陰陽師によれば、呪いは未申《ひつじさる》の方角――尾張から漂ってくるという。近々、綱吉が上洛する途中に立ち寄る地だ。

老中の命が下るより一足先に出発する主水之介――。皎雲斎は尾張の森に潜む伊吹流忍者の頭目で、前半は飛んだり跳ねたり、トンボを切ったり、本シリーズには珍しいアクロバチック・アクションが楽しめる。

私は江戸時代に限らず、自分が生まれた国の歴史にはまったく疎いのだが（古い話で恐縮ながら、多分、大学受験の社会科に世界史を選択したためだ）、それでも徳川の宗室（一族の宗家、本家）に次ぐ地位にあるのは水戸、尾張、紀州の御三家であることくらいは知っている。今回はその一つ、尾張大納言たる徳川邦宗（山村聰）の綱吉暗殺と天下取りの野望を砕くまでだが（このシリーズで綱吉は狙われてばかりいる）、これは身分や格から主水之介には最強の敵といっていい。

邦宗は表向き、将軍に失礼があってはならぬと心砕き、訪れた主水之介も歓待するが、裏では雇っていた皎雲斎が邪魔になると、家老（月形龍之介）に命じて一族もろとも皆殺しにする非情さである。

見どころは、綱吉歓迎のため大広間の一角に新造した舎殿に施された釣天井。綱を斬れば巨大な歯車が回転し、支えの横木が抜けて天井が落下する仕掛けだ。邦宗は綱吉に得意の能の舞を所望。舎殿の舞台に面を付けて舞うのが、また、天井が落下するや、してやったりとほくそ笑む反逆者たちの眼前に現れたのが誰であるかはいうまでもない。もっとも、このシーンは大広間の天井全体が大音響と共に崩落する『怪異宇都宮釣天井』（56・新東宝）に遠く及ばない。将軍一人を殺すのにわざわざそんな手間をかけることもないのにとも思うが、まあ、そこは理屈抜きというやつだ。

黒川弥太郎には北町奉行の叔父を持ちながら、退屈男同様武家社会を忌避して長屋暮らしをしながら怪事件を暴く立花左近シリーズ（54・大映＝全３本）があって、その二作目『投げ唄左門二番手柄・釣天井の佝僂男』（54・大映）で将軍の〝圧殺〟を企む一味の陰謀を阻止するが、今回は狙われる役なのが面白い。この大映版では逃げられぬよう大広間に隠し仕切りまで施され、天井は歯車で作動し、ギリギリと徐々に降下したのち、途中から一気に落下する仕掛けで、これを大工の棟梁（南部彰三）が謀叛人一味の前で試運転する場面が丁寧に撮られている。戦前の『宇都宮釣天井』（37・大都映画）は知らないが、この不気味でメカニックな（？）からくりは時代劇最大の奇ッ怪極まる題材であろう。東映では初めてではなかったか。

邦宗が反逆に至る心情を綿々と語り、最後は自害という通常の悪玉の最後になっていないのは、山村聰という俳優の格とキャリアを慮ったためだろうが、痛し痒し。娯楽映画に遠慮はいらぬ。主水之介は綱吉に邦宗は病死したと報告するラストである。

側用人役は進藤英太郎。ヨタヨタの老人ぶりを達者な芸で見せるのはいいが、三枚目役は哀れも誘った。ついでながら、毎回出てくる取り巻き連中は笑いを取るための起用にしても堺駿二、横山エンタツ、渡辺篤らの過剰な割り込みはドラマ展開に水を差した。駄洒落や、素っ頓狂な叫び声と変顔作りは芸なんてものではない。往時は私も映画館で無邪気に笑っていたに違いないが、幾星霜を経て改めて接すると、笑いは時代の産物とつくづく思わざるを得ない。今が稼ぎ時とばかり、大した芸もないお笑いタレントとやらがテレビで跋扈するわけだ。

8　退屈男、最後の諸羽流怒濤の舞

一九六一年からは年に1本になる。右太衛門は50代半ばになっていた。トシのせいより、作品に興行力がなくなってきたのである。『謎の七色御殿』のあとの20作目『謎の珊瑚屋敷』（62・中川信夫）になると、物語のスケールはガクンと低下する。

居酒屋を開店したばかりの女将と廻船問屋平戸屋の主人が無理心中。分不相応な男女に不審を抱いた主水之介、そこから西海屋（沢村宗之助）と十文字屋（石黒達也）が抜け荷稼業で大儲けしており、平戸屋の番頭（本郷秀雄）も一役買っていたと突き止める——という物語は、陰謀話が続いていたからテーマを変えようとの意図があったとしても、所詮は悪徳商人たちの欲がらみの内輪揉め。

何も直参旗本が乗り出すほどの事件ではない。人形佐七か銭形平次の領分だろう。前年に23本、前々年に25本という量産ぶりを見せていた結束信二、捕物帳のシナリオに退屈男を無理矢理突っ込んだのかと勘繰りたくなる。

悪役も沢村宗之助はともかく、外様の石黒、本郷では弱い弱い。二人が雇う用心棒役の坂東好太郎もちっとも手強そうに見えぬ（「論叢」読者は各自、理想のキャスティングを組まれたい）。坂東以下、北沢典子、小畑絹子は前年9月に倒産した新東宝勢。役名なしの中村龍三郎もそうである。シリーズ3作目があった監督も然りで、東映は監督も俳優も持て余すほど豊富な会社だが、何やら互助会映画のような印象だ。

形はどうあれ、我々は面白い映画を見られればそれでいいのだが、番頭や西海屋が平戸屋の娘（北沢）を手籠めにせんとするシーンはいずれも中途半端。誘拐された菊路は何てことなく助け出される。十文字屋は唐手で退屈男に立ち向かうが、素手で抜身の平安城相模守に敵うわけがない。珊瑚が阿片や宝石など禁制品の隠し場所になっていることも効果なし。

意味ありげな酔いどれ剣客、東千代之介もそのまんま。水谷良重は完全に浮いている。クレジットに出た堺駿二は透明人間。ムチャクチャな映画である。中川信夫は新東宝の旧作を見ていた一時期、曲谷守平と共に興味あった一人だが、杜撰な脚本のせいもあり、『謎の怪人屋敷』と並ぶシリーズ中の駄作となった。

最終作『謎の竜神岬』（63・佐々木）は黒田藩のお家乗っ取りで、背景に天刑病が設定されている。博多湾の竜神岬にある洞窟は一種の隔離病棟で、全身白い包帯に包まれた患者たちが蠢いているのが異様である。

家老たる桜井兵部大夫（山形勲）は、かつて先君を罹病したと偽って始末、今は弟の主君忠継暗殺を企む一方、唐人一味から入手した鉄砲や火薬、金剛石《ダイヤ》などのご禁制品を密かに洞窟に運び込んでいる。夜の岬に燃える不気味な鬼火は死んだ病人たちを焼却処理していた炎とわかる。ソラ恐ろしい物語ではある。

目付（東千代之介）を警戒しながらも着々と進む計画に桜井は自信満々。どんたく祭りの見物にきた主水之介を酒席に招き、痛い腹を探られても素知らぬ顔で、突っ込まれると挑戦の気構えすら見せる。月形も進藤も出演していないとて山形勲、独壇場。クーデター決行は忠継を迎えての祭り開催日。そこへ包帯だらけの天刑病患者が大挙して押し寄せてくる。感染したら大変と人々が逃

『謎の龍神岬』。楠本健二との対決

げ惑うサマをコロナ騒ぎと結びつけるのは不謹慎の誹りを免れまいが、「半世紀も前の作品」（ＤＶＤのお断り）だし、患者たちは家老の手勢の扮装とも判明する。華麗かつ豪快な退屈男の剣戟ショーの見納めである。

惜しむらくは唐人娘役の美空ひばりの扱いだ。巻中で一曲披露し、終盤、忘れた頃に再登場し、先の主君に助けられ、愛し合っていたこと、憎っくき家老に復讐を誓っていたことなど、過去の経緯を回想シーンもないままエンエンと語らせる脚本はいただけない。「桜井が」「桜井が」なんて主語が何回あったか。聞いていた退屈男が途中で椅子に座り込んじゃうのは話の意外さより長いからだろう。天下の美空ひばりのスケジュールを優先したまとめ撮りの感。

この年、市川右太衛門は5本に出演（主演作4本）。翌年の『忍び大名』1本がフィルモグラフィの最後に刻まれた。一九六二年以降は明治座での東映歌舞伎公演で、しばしば退屈のお殿様を演じたが、一九六六年には任侠映画に完全にシフトした会社の重役職も辞した。テレビ版（73～74）なんぞに用はない。晩年の老人ホーム入居は悲しいが、銀幕にかけた人生に悔いはなかったのではないか。享年92。

（にかいどう・たくや）

歌手としての藤木孝

ツイスト男死す

渡辺秀明

『涙を、獅子のたて髪に』の藤木孝。加賀まりこと

　中学二年の時、数学の先生が授業のため教室に入って来るなり、いきなり「藤木孝サンが辞めるそうですね」と生徒に振った。どうみても歌とか芸能とはほど遠いタイプの先生だったので、唖然とし、誰も反応しなかった記憶がある。

　この思い出で藤木孝の歌手引退年がはっきりするのだが、私の十代前半頃、藤木孝は歌手として、特にアメリカで生まれて世界中を席巻したダンスのツイストを踊り、外国ポピュラー音楽界の一時代を築いた。その華々しい活躍は、私たち田舎の子供をも魅了した。俳優に転向後は、時々テレビで見かけることはあっても、彼の活動状況はよくは知らず、歌手としての強烈なイメージだけは消えることなく、私の胸に残った。

　その藤木孝が、昨年九月二十日に自宅で自死してしまった。彼を最後に私が見たのは、テレビドラマ「やすらぎの郷」で、ニヒルでクール、自虐的でオネエ要素の混じったような独特の持ち味が滲み出ていた。

　彼の訃報記事は、購読している朝日新聞の九月二十一日（月）朝刊で接した。ところが、歌手だったことには全く触れられておらず、歌手時代が短かったとはいえ、これでは故人が浮かばれないと、唖然とした。

　本文を書くため、図書館で改めて当日の原紙を確認すると、やはり歌手の文字はなかった。しかし、たまたま見た同紙縮刷版には「一九六十年代前半、歌手として活躍、その後は俳優として活動し」とあり、一瞬、縮刷版は補筆されるのかと思った。だが、原紙と掲載の面数も違うので、私の住む名古屋地域だけの記事なのかと心配になった。そこで東京本社版の原紙コピーを取り寄せ確認すると、縮刷版と同じで、歌手の記述はあった。

　こんなこともあって、他の各紙の訃報記事も地元の原紙も調べてみた。毎日、中日、日本経済は「歌手」であったことも書かれていた。だが、これだけでは片手落ち。歌手藤木孝を語るなら「ツイスト」の文字が欠かせない。その点、読売と産経だけは、歌手であると同時に〝「ツイスト男」の異名をとった〟〝「ツイスト男」の異名でブームを牽引した〟とあった。私には彼の呼び名より、〝ツイストで一世を風靡した〟という表現が、リアルタイムに生きた者としてピッタリくる。

　ここで、なぜそんなに諄《くど》く「ツイスト」に拘《こだわ》るのかを説明しておかねばならない。私はダンスには不案内であるが、世界で一時的にせよ爆発的に流行し、広まり、老若男女が踊れたダンスは、私の七十年の人生で唯一「ツイスト」だけだった、と振り返ることができるからである。だからこそ、日本でそれをテレビで中心となって歌い踊り、見せ伝えた彼は、例えカヴァー曲が多かったにしろ、ただの歌手ではなかった。今の私でも踊ることができ、ツイスト時代を経験できて良かったとさえ思う。

　といって、歌手藤木孝が世間を魅きつけた理由は、決してツイストの力だけではない。私が子供だったことを差し引いても、彼は若くても大人のスケールを感じさせる大型歌手で、黒いコスチュームでセクシーさを匂わせて歌う姿は圧倒的で眩しかった。昨今の子供っぽいジャニーズ系の歌手とは違っていた。

　新聞記事を確認したついでに、図書館の開架書架に、日本のツイスト流行の時代を紹介した二冊の図書を見つけた。

①『日本の60年代ロックすべて』
（黒沢進　ウルトラ・ヴァイブ　二〇〇八）

②『踊る昭和歌謡─リズムからみる大衆音楽』
（輪島裕介　NHK出版　二〇一五）

　①では、藤木孝がその時代の先駆者的な役割を果たしことと関連音楽事情を詳細に解説。四枚の掲載写真中、彼の雰囲気そのままを伝える踊る姿のレコードジャケットと肖像写真の二枚を載せていて、納得できた。

　一方②では、ツイストの日本上陸までの経緯、小林旭の「アキラでツイスト」や美空ひばりの「ひばりのツイスト」などのレコードが出たこと、日本映画への影響などをメインに論述。写真は「アキラでツイスト」のレコードジャケット一枚を掲載。藤木孝については、「ほかにも、『ツイスト男』藤木孝の一連のカヴァーや」と、一行未満で終わっていた。

　②はタイトルに「昭和歌謡」とあり、彼は歌謡曲歌手ではないからそういう扱いになるのかもしれない。それでも副題に大衆音楽の文字もあり、日本のツイスト時代を描くなら、同じ流行歌の歌手であった藤木孝についてもう少し言及してあっていいはず。これでは当時を知らない人は、小林旭ら大御所が日本のツイスト時代をリードしたように受けとってしまうのではないかと心配してしまう。というのも、①でも取り上げられている小林旭や美空ひばりの歌ったという和製ツイスト曲を聴いた憶えがないのだ。「でさのよツイスト」、「インディアン・ツイスト」なら流れていた。両書ともヒットしたとは書かれていないから、それだけは安心したが……。

　話がツイストの方へ捩《ねじ》れてしまったが、藤木孝が歌手を辞めた直後の思い出がもう一つ、私にはある。NHKテレビのお正月のクイズ番組か何かに彼が出演していた。番組の終りにアナウンサーから「今年の抱負をお聞かせください」と尋ねられた。普通なら「お芝居で頑張りたいと思います」などの明るいコメントが予想される。ところが、一瞬不意をつかれたような表情を見せ、「正直言って、お仕事がうまくいくといいなぁと思っています」と、本心を個人的に打ち明けるように語るのを見た。あれだけ名を馳せた歌手なのに、今は不安なんだ、正直なんだ、と子供心にも切なかった。

先にも書いたように、役者転向後の彼の活動についてはよくは知らないが、彼と私の接点は、その後はカラオケを通じて、辛うじて繋がることになった。彼の歌っていた外国歌手のカヴァー曲の中で、私が当時憶えた好きな曲が、「24000のキス」と「アダムとイブ」の二曲があり、残念ながら後者はカラオケには収録されていないが、前者は私の持ち歌となったのである。

現役時代は映画館通いばかりで、居酒屋・スナック文化に縁遠かった私が、カラオケで歌う機会は、アメリカのポップスに詳しく、特定の歌手を中心にしたレコード・CD等の熱心なコレクターでもある友人との時々のお茶や食事の後だった。そこで私はよく「24000のキス」を歌い、友人は洋楽を歌うことが多かった。

その友人がある日、「藤木孝のドーナツ盤が一枚五千円で売られているが、買う気はあるか?」と電話で尋ねてきた。すでにカセット・テープ時代に入っており、彼が好きであっても、マニアでもない私には高値過ぎた。しかし、藤木孝への自分の多少の想い入れの証拠とし、それを知っていてわざわざ教えてくれた友人の好意に応えるために、収録曲を問わず、購入を即決した。後からもう一枚入手し、藤木孝のドーナツ盤は今手元に二枚ある。収録曲は「ツイスト・フラ・ベビー/ワン・モア・チャンス」と「インベンティアモ・ラ・ビータ/ワーク・ソング」で、前者の二つ折のジャケットには、歌詞以外にツイストについての簡潔な解説、藤木孝の写真・足型図入りの踊り方の説明も併載されている。

CDだと「東京ビートニクス　テイチク編VOL1」(93年発売)に「踊れツイスト」が入っている。東宝での主演作『豚と金魚』のなかで、彼が強烈なツイストを踊りながら歌ったもの。これもすでに廃盤だが。

さて加齢とともに私は十代の頃に聴いていた曲の素晴らしさに目覚め、退職後は時々一人で映画の後などにカラオケ店に行くようになった。そんな折に、気づくとカラオケメニューから藤木孝の名前が消えたことがあった。昔の歌手や曲は淘汰されてしまう運命にあるのかと、私を慌てさせた。

二、三年前から、私は意識的にヒトカラをコンスタントにするようになった。下手でも好きな曲には酔うことができ、私の趣味は完全に映画からカラオケに移った。藤木孝も復活、「24000のキス」はいつでも歌うことができる。ヒトカラをしながら、私は自分が歌えそうな隠れたイイ曲を発掘し、持ち歌化に努める。その過程で、昔流行った曲が収録されていないのを発見し、あれっ?と思うことが

「ツイスト」の踊り方＊＊＊＊＊＊＊＊＊＊＊＊

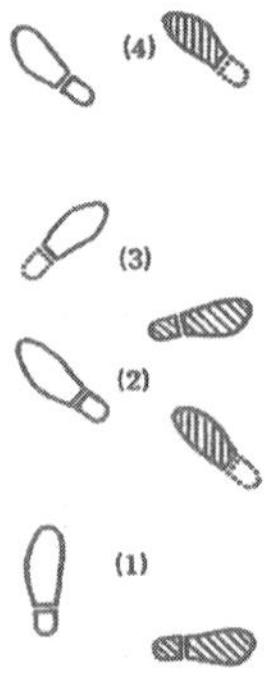

写真①は基本の足はば。右足に対して左足を直角に、約15cmほど開く。

写真②で左へひねる。このとき右足のカカトは床からはなす。

写真③でヒザを曲げたまま右へひねる。このとき左足のカカトは同じく床からはなす。

④でまた左へひねる。結局たえず中腰で下半身を左右にひねるのが基本というわけ。専門的にはアクタクトのはいるバップダンスの一種ということになりますが、この要領さえのみこめばあとは簡単、きまった足型などはないのだからリズムに合わせて自由に前後左右に動いてよい、ということになります。ジルバやマンボできたえられている若い人達にとってはそうむつかしい踊りではありません。

足型・中川三郎　　テイチクレコード

当時のレコードより。モデルは藤木孝

よくある。また自分がイイと思うものが落ちており、どうでもいい曲がメニューにあったりする。曲の評価、好悪は人様々だろうが、まずまずヒットした曲がないのは、やはりレコードが世に出た時代を体験していない人が選曲に携わっているから洩れるのだろうと推測してしまう。こうした憂慮、即ち我々の財産でもある日本の大衆音楽の間違いのない望ましい伝承への願いは、ここまでの故人への想いと重なっている。

以上、藤木孝については、その魅力からもっと熱烈なファン、詳細に知っている人が多く存在することであろう。それを彼の「自死」に言及することもなく、門外漢の私が個人的なささやかな思い出と想い入れだけで追悼文として綴ってしまったことに、差し出がましさを覚える。さらに彼の淋しい最期に対してこう結ぶのも心苦しいが、田舎の少年の心を捉えた歌手藤木孝を、こうして偲ぶ場が持て、私は嬉しい。

（わたなべ・ひであき）

《映画の見かた》の見かた㊳
オリーブ少女、芯を外す
重政隆文

以前、『Olive』という雑誌が発行されていた。女性ファッション雑誌なので通常は買わないが、まれにある映画特集号の時だけ買った。『Olive』の愛好家は「オリーブ少女」と呼ばれていた。フランスの女子高生（リセエンヌ）のファッションを理想とする。一旦休刊した後、月刊として復刊し、その時、小説形式のコラムを書いたのが山崎まどかである。その連載と自己のオリーブ少女時代の回顧をまとめたのが『オリーブ少女ライフ』（２０１４年10月、河出書房新社）だ。彼女がファッションにうつつをぬかす学生生活を送っていたことがよく分かる。

彼女とその周辺の女の子たちには、ヌーボー・ロマンやゴダール作品を含むミニシアター作品までオシャレの一環と化す。例えば彼女が15歳の時、「背伸びしている女の子の間ではマルグリット・デュラスを読むのが流行っていたのだ」（90頁）、「新宿の歌舞伎町や有楽町の大きな映画館でハリウッドのアクション大作やコメディを観るのとは違う。ちょっとだけ、自分が文化的に洗練されているような気分に浸れた」（１０２頁）と書く。映画の中のファッションを真似するのはカッコ悪いと私なら思うが、彼女たちは物おじせず真似た。山崎はそのまま大人になったように見える。

その姿勢は『女子とニューヨーク』（２０１２年８月、メディア総合研究所）でも同じだ。ニューヨーク自体の魅力を語るというよりもファッションやその業界、ファッション雑誌の内幕などが中心に論じられている。ファッションに関する記述の量が最も多い。

最新刊の『ランジェリー・イン・シネマ』（２０２０年７月、blueprint）は下着ブランドのウェブサイトでの連載をまとめたものだ。だから、タイトルに「シネマ」とあるものの、登場人物の下着に関する記述が中心となる。この連載状況にも関係してか、映画領域にまでは論が食い込みかねているように思える。山崎は論じるに際し予防線を張る。

私のコラムはシリアスな研究の発表ではなく、あくまでランジェリー・ブランドのための連載です。なるべくカジュアルに、軽やかに、その映画で女優が着ているような下着が欲しいなと女性たちが思うような映画のシーンを紹介したい。（１７１頁）

下着の販売促進が目的なのだ。私はピンク映画と日活のロマンポルノで女性の下着を大量に見た。しかし、山崎は日本のエロ映画や海外のポルノ映画にもまったく興味がない。あくまで一般映画におけるオシャレなエロシーン（著者によれば下着自体は必ずしもエロとは直結しない）について論じる。エロ映画は下着の研究には欠かせないと思うのだが、山崎は思わない。連載した媒体がそのような卑猥なものを嫌うので、山崎もその要求に従った形か。

いくつか例を挙げてみよう。例えば『つぐない』のキーラ・ナイトレイ。

服の下はゴールドのレースがついたシルクのショート・スリップ。噴水から彼女が上がってくると、そのスリップはぴったりと彼女の肌に張りついています。まるでヌードのようですが、濡れた下着がセシーリアの白い肌に吸いつく様子は、本当の裸よりも官能的でした。これはあなたのせいなのだと彼女は強い視線でロビーに訴えます。(17頁)

残念ながらこのシーンを鮮明には思い出せない。「水に濡れた姉のシルクの下着は、夢見がちな少女が初めて知った大人の恋のシンボルでした」(同)と言われても困る。これら下着の細かい描写が彼女にできるのはDVDを何度も見てメモを取ったからだろう。私は劇場公開時に一度見ただけなので、他の重要なシーンの印象の方が強い。

世界初の性転換手術を受けた男性を描いた『リリーのすべて』という映画がある。主人公アイナーが、妻ゲルダの買った「サテンのナイトスリップ」の感触に喜び、夫婦同伴のパーティにそのスリップを密かに着て行った。帰宅してそれが妻にバレる。

最初は戸惑うゲルダでしたが、彼女は女もののスリップに身を包んだアイナーを抱きよせます。そしてまるで女性にするかのようにベッドに導き、優しくそのスリップを脱がせるのです。ゲルダにとってそれは、夫婦生活にちょっとした刺激を与える行為だったはず。しかし、アイナーにとっては大きな契機でした。アイナーはこれを機会に男性である自分にはっきりとした違和感を感じるようになり、本当の自分に目覚めていきます。(28〜29頁)

こちらははっきり覚えている。「直に肌に触れるものである下着を通して、男性の服の下に隠した彼のアイデンティティが見えてくるのです」(29頁)というのがよく理解できる。では、私が何度も目にしてきた日活ロマンポルノ作品で、異性愛のオッサンが女性の下着を身に付けて喜ぶ、というシーンをどう捉えればいいか。こちらは単純に軽い変態性欲の現れだが、アイナーの場合、性別不適合という自覚につながる。同じシーンでも意味合いが違う。山崎まどかは、異性愛の男性の変態性欲については何も書かない。山崎は総じて汚いエロは避け、オシャレなエロを優遇する傾向がある。

母ニコール・キッドマンと娘ミア・ワシコウスカがスリップとシュミーズを身に付けるのが、パク・チャヌク監督の『イノセント・ガーデン』である。ワシコウスカは「まさしく清純な少女そのもの。彼女が演じるインディアはアイボリー色のコットンのシュミーズに古風なサドルシューズという格好」(52頁)で登場するのだが、母親が娘にブラッシングをさせる時は共にスリップ姿である。

母が娘と自分の境界線を分かっていないこと。シュミーズが似合うはずの幼いインディアが本当は母と同じように女であり、いまにも成長して毒々しい花を咲かせようとしていること。ほんの少しだけシルクの色のトーンが違う二着のスリップは、様々なことを物語っています。（53頁）

私の場合、この映画で印象に強く残っているのは女性下着ではなく蜘蛛のクローズアップである。「シルクの色のトーンが違う」ことなど私は気にしないが、女性観客は気にするのか。DVDの繰り返し鑑賞なら誰でも気づくのだろうが、映画館で一回しか見ない私はこの部分の記憶が薄い。

スタンリー・キューブリックの『アイズ ワイド シャット』の中で、ニコール・キッドマンとトム・クルーズ夫妻の言い争いのシーンでの、彼女の衣裳が「スイスの有名アンダーウェア・ブランドHANRO（ハンロ）のコットン・キャミソールとハイレグのショーツ」であり、「シルクのようになめらかなコットンの生地を通して見えるキッドマンの赤い乳首と美しい肌が素晴らしく、どんなゴージャスなランジェリーにも負けないほどセクシーでした」（169頁）と書いている。

他にも、紛争地帯をルポする女性記者を描いた『プライベート・ウォー』でも作品の核心から外れた部分に着目する。戦場で彼女が身に付けている下着は高級ブランドのラ・ペルラだという。ヒロインは死体で掘り出された時に感銘を与えたいからだという。洒落た台詞だと思うが、私の印象に強く残るのは、戦場で生死の境をさまよう男性兵士たちと同様に、戦場記者である彼女も性欲が昂進するという点だ。

私が『エリン・ブロコビッチ』を見た時に感じたのは真面目な市民運動をするにはエロすぎるなあということだった。彼女は「大きく胸元が開いたブラウスやぴったりしたトップスにミニスカート、そして襟ぐりからのぞくプッシュアップ・ブラ」（208頁）を身に着けている。山崎は「ナチュラルにバストを包むワイヤーレス・ブラが流行の今から見ると、この戦闘的ともいえるスタイルはちょっと懐かしい感じもします」（209頁）と書く。この作品の本質的な部分に入ることはなく、芯を外して、すなわち卑猥なエロを排し、ほのぼのとした綺麗ごととしてのファッション中心に映画を論じつづけるのだ。

この下着本の少し前に、彼女は主に映画パンフレットに載せた映画エッセイを『映画の感傷』（2019年11月、DU BOOKS）にまとめている。当然ながら、けっして作品に否定的にはならない。まず彼女が映画エッセイを書く姿勢。

「この映画のパンフレットに書けたらいいな」と思った作品について依頼をもらうと、その映画と両想いになれたようで嬉しい。もちろん、

そんなのは幻想だと分かっているけれど。（『映画の感傷』ⅱ頁）

では、両想いでない場合、断るのか。たぶん断らない。気が乗らない作品なら作品の周辺事情に多くの紙幅を割く。パンフレットにしろ雑誌における紹介記事にしろ、どうせ宣伝の一環にすぎない。誰も本質的なものなど求めていないからそれでいいのだろう。

山崎はロマンティック・コメディを愛好するが、次のように考える。

プロットが同じであるからこそ、細かな差異が問題になってくるというのに。その「細かな差異」が映画批評ではあまり評価されない分野に及ぶから難しい。ファッションやインテリアといった、視覚的に重要なポイントがそこに含まれているにもかかわらず。（226頁）

作品の筋立てが同じなのは志が低いからだろうが、そこに何らかの味付けがされる。しかし、「細かい差異」といっても山崎が注目するのはファッションやインテリアに関してなのだ。だから本質的な部分では論が脆弱になる。

フランソワ・オゾンの『17歳』にかこつけて次のように書く。

17歳は、若く美しい女の象徴とされる年齢だ。それはつまり、女としての価値を他人から品定めされる残酷な時代の幕開けでもある。それまでは横一線で仲良く並んでいた少女たちは急に美しい、美しくないと異性によって振り分けられてしまう。（35〜36頁）

フェミニストから攻撃を受けそうな意見だが、実際に山崎の通っていた高校と大学ではそのような姿勢で日常生活が送られていたようなのである。しかし、このような抽象論ではなく、単なる「品定め」ではなくフランスの援助交際について論じなくていいのか。タイトルに「映画」という言葉が含まれていなければ読まなかった本だ。映画の衣裳や小道具、インテリアなどに関しては、それぞれの専門家が心血を注いで作品に貢献しようとしている。ただ、あまりに細部にだけこだわって論じると、作品全体が見えにくくなる。

この本に書かれているメモの取り方について付け加えておく。

私は映画を見る時はかならずメモを取るようにしています。試写室や映画館の暗闇の中で私のボールペンが火を噴くのは、映画の中にティーンエイジャーの部屋が登場する時です。（194頁）

自宅でDVDを見るのならメモ取りは自由だが、試写会や映画館でされると単なるハタ迷惑である。ケータイ・オフ同様、メモ取り騒音もオフにしてもらいたい。

（しげまさ・たかふみ）

追悼ショーン・コネリー

忘れられた『四つの願い』

瀬戸川宗太

昨年、10月31日に、90歳で俳優のショーン・コネリーが亡くなった。一つの時代が終わったと感じた年輩映画ファンも少なくないだろう。私もその一人で、同年2月カーク・ダグラスの訃報に接した際も、似たような感慨をもった。コネリーはダグラスより14歳年下だが、1960年代に足繁く映画館に通った世代にとって、アクション映画の醍醐味を堪能させてくれる忘れがたい存在だった。

その抜きんでた魅力は何によるものなのか。様々な仕事をへて俳優業にたどり着いた人生経験もさることながら、何よりも現状に甘んぜず、常に自己の殻を打ち破ろうとした役者魂にあるような気がしてならない。

なにしろ、『007』シリーズで大ブレークしている最中に『わらの女』（64）で国際的な美人女優ジーナ・ロロブリジーダと名優ラルフ・リチャードスンを相手に冷徹な悪玉を演じただけでなく、直後に製作されたヒッチコック監督の『マーニー』（64）では、同監督作品『鳥』（64）で絶頂期にあったティッピ・ヘドレンと共演しているほど。演技者としてのチャレンジ精神をよく物語っている。わが国マスコミの訃報記事は、両作品についてマイナス面しかふれていないが、表層的な見方である。ボンドイメージの一掃をめざし、無理な役作りをしているとはいえ、その果敢な挑戦は後に名優と呼ばれるようになるための不可欠な過程だった。むしろプラス面

の方が大きい。つまりコネリーは、『００７／危機一発』（63）と『００７／ゴールドフィンガー』（64）の間、わずかな時間をつかい早くもボンドイメージの払拭に務めていたわけである。

　彼は前記以外にも、ボンド役を続けていた時代に重要な役柄をくつも演じていた。シドニー・ルメット監督の『丘』（65）、ソ連・イタリアの合作『ＳＯＳ北極…赤いテント』（69）、アイルランド移民の過激な労働運動を描いた『男の闘い』（70）と、どれも地味だが、コネリーの作品出演への意気込みが感じられ、見逃してはならない。

『四つの願い』でジャネット・マンローと

　しかし、例によって我が国の新聞があげるのは、『００７』シリーズや『アンタッチャブル』（87）『インディ・ジョーンズ／最後の聖戦』（89）『レッド・オクトーバーを追え！』（90）等評判の有名作品がほとんど、しかも判で押したように同じである。映画の専門家やファンを任じるなら、一般に知られていない代表作の一本ぐらいは書くべきではないか。

　私なら、スクリーン上で初めてコネリーに対面したロバート・スティーブンスン監督『四つの願い』（59）をまずとりあげる。スコットランドの伝説に材を取った（コネリーもスコットランド系だ）ミュージカル映画で、銀座の東劇で鑑賞した。コネリーは、ミュージカルのコーラスメンバーを俳優人生の出発点としているだけに、『四つの願い』では美声を披露している。

　その歌声はシリーズ第1作目『００７は殺しの番号』（62）でも聞くことができる。ウルスラ・アンドレス扮する島の女が歌いながら、浜辺で貝を拾い集めているシーン。ボンドは声をかけるかわりに、彼女の声に合わせて歌う。スクリーンで観た当時は、ボンドがもっと長く歌っているように感じたが、今ＤＶＤで観かえすと、ほんの一瞬なので意外に思った。ひょっとしたら、甘くいい声なので強く記憶に残ったのかもしれない。

　マスコミの追悼記事で、これまた多いのが、ジャン・

ジャック・アノー監督の『薔薇の名前』（86）だ。これが盛んにヨイショされているのがなんとも胡散臭い。私

『王になろうとした男』。マイケル・ケインと

も『薔薇の名前』が晩年の代表作であるのに異論はないが、どうも本作を取り上げる側は、出演作品を俯瞰したうえで解説しているようには思えないのだ。若い映画ファンに評価の高いミステリで、しかもコネリーが圧倒的な存在感をもった時期の作品だから都合よく取り上げたに過ぎない。安直な発想が見え隠れする。

それなら、ボンドイメージから本格的に抜け出し、作品的にも評価の高いジョン・ヒューストン監督『王になろうとした男』（75）をなぜ全く無視するのか。順序が違うだろうと言いたくなる。少なくとも新境地を開いた『風とライオン』（75）か『ロビンとマリアン』（76）を語るぐらいの筋は通すべきだ。

それにしても『王になろうとした男』のショーン・コネリーは実に魅力的である。勇敢に戦う軍人役を時にユーモアをまじえながら堂々と演じきった。クライマックスでは、死を目前にしながら、相棒役のマイケル・ケインと声をあわせて歌い続ける。俳優人生の一大転機となった本作でも歌が印象的に扱われているのは、はたして偶然なのだろうか。

（せとがわ・そうた）

旧著再読

木村荘十二、唯一の著書

川喜多英一

木村荘十二『新中国』（東峰書房刊1953年十月刊）

そぞろ哀愁を催す本だ。映画でいえばヨリス・イヴェンス『愚公山を移す』をみたときと同じ。彼の文化映画のファンだけに辛い読書であった。

とにかく信じやすく熱狂しやすい人なのだ。来歴をみても分る。新興帝キネ京都での争議に参加。プロキノに誘われ上京。PCLで『河向ふの青春』を撮るが、検閲で切られて左翼性ゼロに。「日本映画界は私をシャット・アウトすることは出来なかった。しかし、この（映画を作る）よろこびのために、このよろこびを再び失いたくないために、私は堕落した」

その後の彼は〝堕落〟のしっぱなし。「トーキーの可能性」を示唆されると、大資本の宣伝映画『ほろよひ人生』を作ってしまう。内務省で映画法制定が決まると「日本映画を正しい方向へ持って行ける」と考えて委員として活動し、映画大学を夢見る。満洲映画協会ができると、その積極性に「ぞっこん惚れこんで」、真っ先駆けて渡満する。ここでも映画学院の企画を見せられて懲りずにノッカってしまう。もちろん、敗戦で共産党に接収され東北電影公司ができると、なんの疑問もなく参加し、共産主義を鼓吹する彼であった。残念ながら（？）彼は中国で映画を作ることは出来ず、炭鉱の管理部に回されたり、魯迅文芸学院で講師をしたり、絵が上手かったのでポスターや切手をデザインしたり。

そんなだから本書には、当時の中国映画についての挿話はごく僅か。それもあくまで現状報告。1951年の製作本数は60本くらい。52年の映画館数は674で半分は国営。脚本は中央の芸術委員でチェック。毛、周、劉たち大幹部が意見をいうことも。観客は組織で動員されることも多い。コヤのない地方用に16ミリの移動映写隊がある。外国映画はソ連と東欧。アメリカ映画は「禁止されているわけではないが帝国主義宣伝映画なので観客のほうでボイコットされてしまう」（大意）そうだ。幸せなヒトだなア。

（かわきた・えいいち）

脚本家・水木洋子のＸＹＺへの道⑧

最高傑作『浮雲』

奥薗守

小説『浮雲』の映画化の話が東宝から水木にきたのは、林芙美子が「文学界」の連載を終えた三年後であった。「浮雲」は一九四九年一一月から「風雪」に連載されはじめた。しかし、「風雪」が終刊となったため、一九五〇年九月から五一年四月まで「文学界」に連載されたのである。

戦争中、仏印にいた農林技官の富岡兼吾は、部下のタイピスト幸田ゆき子と愛人関係になる。戦後、帰国した二人は再会するものの、富岡は妻と別れない。ゆき子は富岡の子を堕してもなお別れないで、富岡の赴任地である屋久島についていく。そして、屋久島の小屋で嵐の日、ゆき子は死亡する。

水木にも戦時中に報道班員として南方に派遣された時、恋仲になったジャーナリストがいた。だが、戦時下のことで恋はご法度――二人の仲を引き裂くようにジャーナリストは、日本に送還された。戦後、二人の文通がはじまる。

〈君は、僕が君を捨てて逃げた卑怯な男と今も思っているらしい。まさしくそうだとも言えるだろう。しかし、君の幸福を念じている点で、僕は今も当時と変わりはしない。ただ当時の僕は、家庭を壊すことは絶対できない。僕の子供への執着煩悩の強さから、それは不可能なことと固く信じていた。そうした僕に、君を幸福にする資格がないと思い込んでいたことは間違いない。そのため思い切って妻と離婚し君と結婚する勇気がなかった。今となって、妻子と別居すでに五年近く、そうした生活にも耐え得ることを知って、実は意外にも感じ、妻と僕との間の溝が深かったかを気づくに及んで、当時の僕に勇気がなかったことが悔やまれてならない〉と、そして最後に〈たまには君自身をモデルにした悲劇の一つも書きたまえ、それには僕も、相当な悪役として登場するだろうが、仕方がないね〉と書いている。

シナリオでは、ホテルの二階でゆき子と富岡は会う。

富岡「正直に言えば僕たちは、あの自然の中で夢を見ていたのさ。そんな事を言うと君は怒るだろうが、日本に戻って、まるっきり違う世界を見ると、家の者たちをこれ以上苦しめるのは酷だと思ったんだ。とにかく戦時中をだなア、耐え通して、僕を待ってくれた者に、ひどい別れ方は出来なくなってしまったんだよ。約束を破ったようになったが、君が幸せになるまで、僕はどうにでもする。ね、君のことは好きなんだよ。それでいて、一緒になれないのは、僕の弱いところなんだ。みんなが僕一人を頼りにして生きているんだからね。君をこれ以上偽るのは悪い気がして……」

ゆき子は耳を被い、激しく首を振っている。

富岡、その手をとり、ゆき子の膝に両手をかけたまま暫く沈黙。

富岡「許してくれ、な、別れるより方法はない……」

ゆき子「いや！　それじゃ、貴方たちが幸福になるために、私の事はどうなってもいいの？」

さらに、ゆき子は「君が返るまでにはきちんと解決して、奥さんとも別れて、さっぱりして君を迎えるって言ったのは嘘ね。男って嘘つきよ。口の先で女をまるめて、自分の境だけは、ちゃんと守っているのよ」と、男を責める。

荻昌弘は、〈まず、私がこの脚本を読んだ時の驚きは、水木洋子が殆ど定石的なドラマタイゼイションなどというものを第二義にして、いわば八方破れのひた押しでゆき子の一挙一動を凝視しつづけた熱っぽさであった。よほどの共鳴があったのだと想像されるが――〉（「キネマ旬報」一九五五年三月下旬号）と書いた四年後、さらに〈『浮雲』は一見、ゆき子と富岡の情痴を客観的な第三者の立場から実写したようにみえながら、しかし、この作家の筆は徹底的にゆき子に集中している――というより、ゆき子からすべてを発想した作品であった〉（「映画評論」一九五九年十月号）と。

このシナリオ執筆中に、成瀬監督から「映画は鹿児島へ立つ前で終わるように」という電話があった。水木は「それは、困る。屋久島まで行かしてくれ」と言って、電話を切った。

翌日は、助監督から「せいぜい、鹿児島までで結構だそうです」と、監督の伝言だといって電話があった。水木は、藤本プロデューサーに電話して、「屋久島まで、どんなことがあっても、引っ張っていって欲しい」と、くどいほど頼む。なんとしても、ゆき子は、富岡について屋久島に行き、官舎に入って喀血して死ななければならない。そこで、富岡を号泣させるのが、水木の描くシナリオの結末であった。

『浮雲』のシナリオが完成して、検討会を藤本プロデューサー、成瀬監督、そして水木の三人で行いたいという連絡が入った。水木は、何を検討するのか不満だった。しかし、藤本プロデューサーの意見をまだ聞いていなかったので、とにかく出掛けた。

三人揃った席上、まず口を切ったのは成瀬監督だった。

「シナリオで冒頭、ゆき子が富岡の家を訪ねるシーンがあるが、六十年輩の富岡の母親が顔を出すけど、どうして母親でないと駄目なの？　そして、次に出てくるのが妻の邦子だよね。どうして？」

「最初から邦子が出れば、母親を紹介するときがないじゃない。家族構成ってあるでしょう。邦子だって、此処で紹介しておかないと駄目なのよ」

「その邦子から『どちらさんでしょうか』と聞かれて、ゆき子は『農林省の者ですけど』と答えているけど、『農林省の者です』と言い切っては、駄目なの？」

「ゆき子が言い切らないから、邦子はジロジロゆき子を見てるんじゃない」

「その時、ゆき子は『使い』と言ってるけど『使いで』と答えては、駄目なの？」

『浮雲』箱書き

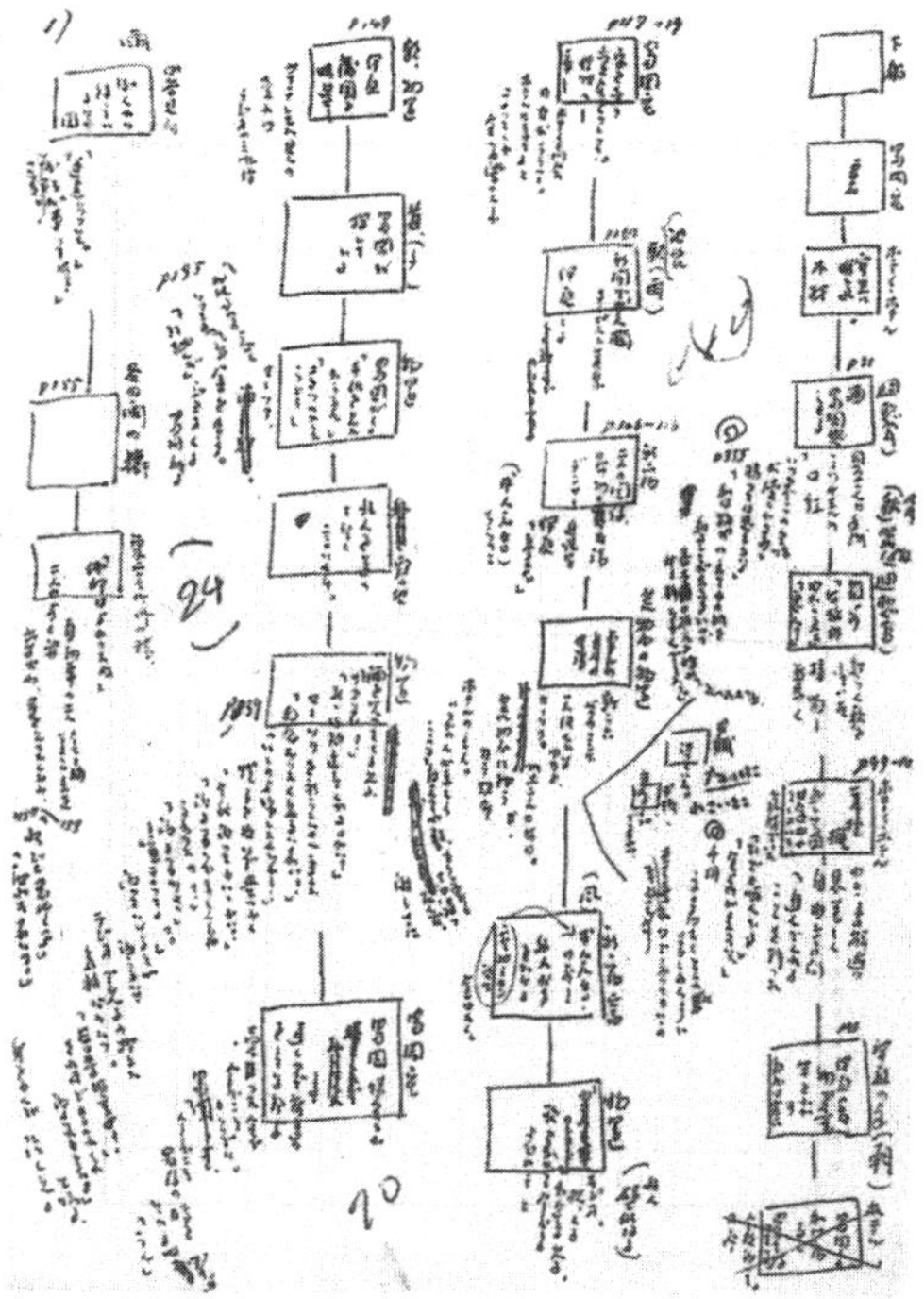

成瀬監督は腹の虫の居所が悪かったのか、はじめからワンシーン、ワンシーン、しかも台詞の一字一句にケチをつけ、テニヲハまで文句を言いだして深夜に及ぶ。

　こんなことでは、検討会はいつ終わるか分からないと水木は思う。

「とにかく成瀬さん、もう一度よく読んでください」水木が言うと、それまで聞き役だった藤本プロデューサーが初めて口を開いた。

「ぼく、徹夜は困るから、今夜は帰るワ」

「私も徹夜は苦手ですから、一人でよく読んで頂いて。明日、また来ますから」と水木は立ち上がった。

　翌日、水木は同じ時間に撮影所に出向く。成瀬監督は一晩じっくり読んで、意見をまとめて来てるだろうと期待した。この日、一日かけても脚本の検討をして貰わなければと思って、出てきたのである。

　ところが、成瀬監督はすでにスタッフと事務所で撮影の打ち合わせをしていた。藤本プロデューサーは、部屋を出たり入ったりしていて、主役の高峰秀子まで呼ばれている。水木には何があったのか、状況の変化が分からない。何の経過も話して貰えず、呆気に取られていた。

「お早うございます」と水木が言う。

「ああ、お早う」成瀬監督と顔を合わしても、挨拶だけである。

　シナリオについて、あれほどクドクド言っていた監督が昨日のことは忘れたようにケロッとしている。もう、何も言うなとプロデューサーから言われたのかも分からない。

　高峰秀子が成瀬監督に「私、じゃぁ、美容院に行きますから、台詞は覚えちゃっていいんですね」と、声をかけて立ち上がった。

「いや、まだ覚えなくていい。この人が、徹夜でまた書き直してくるから」と、監督は水木を指して言った。

　カチンときたのは、水木である。ディスカッションするつもりで来たのである。まして徹夜で書き直すなんて言った覚えはない。一体どうなっているのか、プロデューサーの姿は見えない。水木には、わざと姿を隠しているようにさえ思えたが、まわりの空気が読めない水木は黙って耐えるしかなかった。

「じゃ、シナリオの書き直しお願いしますね」

監督のダメ押しに、水木は開き直った。

「書き直すって、どこを書き直すのですか」

「ロケーションだ。伊香保のロケ、駅のシーン、富岡とゆき子が散歩をしながら語る戸外シーンなど、カットして欲しいんだ」

水木が成瀬監督のロケ嫌いなことを知ったのは、『あにいもうと』を書いたときである。夏枯れで多摩川に水がなくなったという理由で、書き直しを言い渡された。直しは二十五日余りかかった。無理に改訂するのには、一稿より日を要するのである。ところが、多摩川に水がなくなったというのは、大嘘だった。

「成瀬さん、書き直す理由を、シナリオの欠陥として言っておられるんですか。それともロケーションが面倒だからなのか、どっちなんです」

成瀬監督に代わって答えたのが、カメラマンの玉井正夫であった。

「ロケが大変なんですよ。出来ないとはいいませんが、ライトの効果が出ないんです」

「戸外をカットすれば、室内がつづいて無理が起こるんです。そのために、こちらは苦労しているんです」水木は言った。

「いいよ、小さいところは現場で僕が直すから」と、成瀬は言う。

「勝手に直すのは、よして下さい。注文があるなら、私が自分で直しますから」

引っ込みのつかなくなった水木は、条件に合わせて、無理を承知で四苦八苦しながら二日間の徹夜で直しおえた。

成瀬監督に連絡すると、伊香保のロケに出発するところだという。あれ程、削除しろと要求しておきながらロケに行くと聞いて、あまりの勝手さに水木は唖然となる。さらに、シナリオは助監督に取りにいかせると成瀬は言う。しかし、水木は持っていくからと約束した。監督に直接手渡したかったのである。そして、書き直した原稿を東京駅まで持参したとき、「絶対、直さないでね」と念を押して手渡した。

水木はプロデューサーに、成瀬監督の屋久島行きを重ねて懇願した。

「それほど言うのなら、首に縄をつけても引っ張っていくよ」と、藤本は約束した。

その約束は守られず、監督は屋久島まで行かなかった。しかし、シナリオ通りにゆき子は屋久島に行って死んだ。水木は満足だった。

屋久島の宿舎はセットで、嵐のシーンは日映のニュースフィルムから借りたのである。水木にとっては、日映から借りようが、何処から買おうが問題ではなかった。ゆき子の死によって、原作では男が再び女の金で遊びにいくが、水木は男が心から慟哭するところで終えたかったのだ。

北川冬彦は、「私に言わせれば『浮雲』は、原作の林芙美子の小説よりも優れている。小説と映画とは別なジャンルであるから、比較して優劣をいうことは少し無理があるかも知れないけれど、林芙美子の辛味をつよく加えている点で、原作よりもシナリオの方が優れていると考えるのである」と。同じように、小倉真美も『浮雲』の原作は、かなり間延びした小説で、映画の方がはるかに密度が高く、優れていると思う」と。

小津安二郎は、成瀬監督に傑作だと手放しで褒めた。そして、水木には「情事を書きなさい、情事を」と薦めた。褒められた成瀬は「あれは、僕の作品ではありません」と言ったという。それを聞いた水木は、ほんとうにそう思っているのか、何度聞き返しても、成瀬は同じ言葉を繰り返した。

水木は座談会で、「『浮雲』は、男性に対して辛辣以上のものだと思うのですが」という問いかけに、「そういう心境になりましたからね。私、あれで溜飲さげましたのよ。原作では、女が死んでからそのお金を持って鹿児島へ行ってダンスをしたり、女を買うのですよ。それを林さんの解釈としては、やはり男を否定していると思うけど、私には夢があるわけよ。男をそう見たくない夢があるので、あくまでも断定したくない。けれども、夢を持っているだけに、この富岡というのはここで完全に敗北したのだということで、終わらしたことで大変溜飲を下げたのです。ざまァ見ろと思ったのよ、ほんとうのところ。夢を持ったからなの、逆に。ほんとうに林さんみたいに、男というものはこういうものだと否定してしまえば、鹿児島まで行きますよ」(「映画評論」一九六一年三月号)と、水木は答えている。

原作では、富岡が鹿児島にいくのは、ゆき子が死んで一カ月後である。

――富岡は、またたくまに、半ダースばかりのビールを空にして、女に、二階へ引きずりあげられて行った。

夜更になって、富岡は、女に送られて宿へ戻ったが、案外、真面目な女だったとみえて、宿に預けた以外の富岡の財布は、まだ、かなり残っていた。みんな、ゆき子の残していった、あの時の金である。富岡は乾いた寝床へ、洋服のままもぐりこんで、石のように重たくなってゆく、自分の考えを追っていた。

屋久島へ帰る気力もない。だが、ゆき子の土葬にした亡骸をあの島へ、たった一人置いて去るにも忍びないのだ。いまさら、東京に戻って何があるだろうか……。

富岡は、まるで、浮雲のような、己れの姿を考えていた。それは、何時、何処かで消えるともなく消えてゆく、浮雲である。――了――

(林芙美子著『浮雲』新潮文庫)

水木は、『浮雲』については自信が

あったと胸を張り、自分の内面的なものを映しだせたと公言している。さらに、「原作の林さんとは戦時中、南方でずっと一緒だったので、林さん自身をかなり理解できたし、同時に身近なものを感じていたのです。でもね、私としては林さんの作品を借りて、私を語ったつもりなの。林さんは、男性を否定してあつかっているのね。私は映画のうえで、そこまで断定することはできなかった」と語った。水木は踏んでも蹴られても、男を信じたかったのである。

映画が完成して間もなく、水木とジャーナリストとの二人のつながりは切れた。加藤馨著の「脚本家　水木洋子」（映人社）には、〈「浮雲」の成功が、水木に恋の重荷をおろさせ、ある過去とキッパリ縁を切らせたということでしょうか〉と、書いている。

愛するが故に別れる、愛した自分も幸福になりたいが、相手の幸福を考えるのも本当の愛ではないか。愛は歓びばかりではない。身を退くのも愛である。また、別離も愛の深さなるが故、相手から奪うばかりでなく、幸福を与える歓びはもっと大人の愛である、と。

『浮雲』のゆき子は、裏切られながらも男を愛し、命の消えるまで男にしがみついて行った古い女であった。

このゆき子と対照的なのが、山本有三原作『女の一生』の允子《まさこ》である。允子は初恋の男に裏切られ、その傷心を癒すため医学の勉強に熱中する。そして、再び妻子ある男の子を宿し、子を育てながら自立を志す。後に結婚して、母として努力するが未亡人になる。その孤独のなかにも、なお助産婦として独立する。

この『女の一生』（中村登監督）は、松竹の大谷竹次郎社長のじきじきの企画だった。大谷は、この企画を持って水木邸を訪問している。

「長い歴史の歩みが私たち女性をゆき子に仕上げ、そして女の人間としての目覚めが允子を生んだのである。しかし、允子は女なるが故に女として生きるために、あらゆる苦難の道を歩まさせられた」と、そして「母の愛とは、自分の子だけに注がれる。そんな貧弱なものではないはずである。古い日本の女性はゆき子であったが、新しい女性は允子のように成長してゆかねばならないはずだ。女の幸福も社会と共に育まれるものであって、ただ家の中だけ愛する男一人だけを守り得るものではないということなのだ」（「北海道新聞」一九五五年二月十二日）と書いている。

〝古い女〟と〝新しい女〟、ゆき子から脱皮して、自分の力で苦労を踏み越えて開拓していく允子は、常に前を向いて歩く水木の姿であった。

映画化された『女の一生』について、「週刊読売」のスクリーン欄では、〈御木允子の三十年にわたる半生記で、原作者の理想主義的ヒューマニズムを根底としたものだが、脚色にあたった水木洋子の才媛が原作の味を壊さず、この長編小説の狙いを巧みに二時間の映画にまとめている〉と、評した。

（おくぞの・まもる）

幻の岡本喜八作品

フォービートのアーティスト

小関太一

その日

　とても寒い夜だった。我々は毎月一回の打ち合わせのために豊洲のファミリーレストランにいた。我々というのは、筆者とかつて一緒に岡本喜八監督の作品をまとめた『KIHACHI　フォービートのアルチザン』という本を編集した佐々木淳。浅草東宝のオールナイト（以下AN）作品を〝Dr.じょーんず〟という名前でセレクトしていた。筆者一人での選定作業にも限界があり、助っ人として東宝作品に詳しい彼に依頼する事になった。ケチな上司のお陰で無報酬での参加となったが、彼は喜んで手伝ってくれた。その夜も2ヶ月先の四月の5週間分の作品を決定し深夜に解散した。

　翌日は土曜日だった。劇場勤務だった筆者は遅番として出勤していた。前日決めた浅草の番組を清書して東宝にファックスした直後に電話が来た。佐々木だった。沈痛な思いが電話からでも伝わった。「岡本喜八監督が昨日亡くなったそうです」。病床にあったのは無論知っていたが、頭を殴られたような衝撃が走り、何が起きたのか理解できなかったが、電話を切ってまずやったのが前夜決めた四月の番組を全てキャンセルするというファックスの送付。そして少し大きめの紙に岡本喜八作品のみで組んだ四週間分の題名と時間を書きなぐり始めた。手を止めたら慟哭と涙が溢れて来そうで、必死で堪えながら筆を進めた。

フォービートなのだから四週間。勝手な思い込みである。通常の追悼上映はせいぜい一晩で4〜5作品で組まれていたが、岡本喜八という事で完全に私情が入り異例の番組数となってしまった。どうしても外せない作品ばかりだった。知りすぎているというのは逆に枷になってしまう。

基本的に東宝作品で構成されるANだったが、この時は他社作品もご協力頂いて作品をそろえた。松竹の倉庫にひっそり眠っていた『EAST MEETS WEST』のインターナショナル版は、岡本監督自ら公開後に編集し直したディレクターズ・カットとも呼ぶべき物で、この手の版には珍しく公開版より短くなっていた。東京国際映画祭でお披露目された以降は劇場上映されなかった珍しい物で、いつもより割高な映画料になったが松竹に勉強してもらいプログラムできた。これは『助太刀屋助六』の日活も同様にご協力頂いた。本当に感謝する。〝Dr.じょーんず〟の片割れ佐々木も沢山の資料をかき集め、その多くが展示されたのを憶えている方も多いであろう。

岡本喜八追悼上映としては最も早いものとなり、ゲストにも登壇頂いて岡本監督を弔った。

岡本喜八は二度死ぬ？

そんなANの最終日。東宝で後輩監督に当たり、岡本の次回作予定だった『幻燈辻馬車』に監督補として就く筈だった小谷承靖監督が登壇し、同じくゲストの山下洋輔とトークを展開していた時その話題は飛び出した。耳を疑ったが当事者の小谷が言うのだから間違えようがない。

1964年。当時助監督だった小谷は、社長シリーズ等の次回作を欧州で撮影する事になり先乗り組としてパリに滞在していた。ゴダールの『はなればなれに』の撮影などがパリの街角で撮影されており、それを見学したりパリに滞在していた日本人俳優らと交遊したりと仕事とは別に生活を満喫していた。そんなある日、南仏のカンヌで開催されるカンヌ国際映画祭に東宝の名プロデューサーである藤本真澄が参加するので通訳を命じられた小谷はカンヌに向かった。そこである海外の大物プロデューサーと藤本の話合いに同席する事になった。007シリーズで世界に名をはせたイオンプロ代表のアルバート・ブロッコリである。ブロッコリは藤本に願い事をした。「007の次回作は日本が舞台なので、今までと勝手が違う東洋でのロケをスムーズに進めるために誰か日本側のディレクターを紹介してくれないか？」

恐らくシリーズ第4作『007は二度死ぬ』を指しているのだろう。出来上がった作品は原作からは程遠い話になってはいたが、原作を読むだけでも欧米人が抱くオリエンタルな東洋の神秘を感じる事が出来る内容だった。ブロッコリはこの雰囲気を出したいと考えたのだろう。即答はしなかった藤本にはどうやら頭に浮かんだ監督がいたようだと小谷は語る。そして帰国後に連絡すると別れた。このカンヌ映画祭に東宝の人気女優だった浜美枝も参加していた。エスコート役を任されたタキシード姿の小谷の写真が残されている。当時の助監督と人気女優とはいささかバランスが悪いように思われるが。この時の様子をブロッコリが見たかどうか定かではないが、浜が『二度死ぬ』でボンドガールに抜擢された事と無関係ではない気がするのは筆者だけだろうか？

さて帰国した藤本は代々木上原の自宅に小谷とその目星を付けた監督を呼んだ。それが岡本喜八であった。当時『どぶ鼠作戦』を作り文字通り東宝のアクション監督の代表格となっていた岡本。〝変化球監督〟と位置付けしながらも岡本の実力を理解していた藤本の脳裏に浮かんだのが彼であった事に異論は無かろう。この藤本の信頼の篤さについては次の章で検証する。

当時の岡本がいかに007に心酔していたかわかる証言がある。盟友・村井博カメラマンと007の試写会に招かれた岡本は、鑑賞後の興奮冷めやらず、村井に〝俺ならこう撮る〟〝あそこはこうやる〟等々興奮して語ったという。和製007としか思えない『100発100中』のシナリオを、日本に007を紹介した作家の都筑道夫と共同執筆したり、やはり都筑執筆のアクションコメディ「なめくじに聞いてみろ」を『殺人狂時代』として映画化したりと、その007への傾倒ぶりは周囲の誰の眼にも明らかだった（余談になるが、岡本は自分で演出するつもりだった『100発100中』を福田純監督に任せた事で田中友幸を恨んでおり、作品完成後に福田が制作費の高騰を避ける為にシナリオにあった4つのシーンを削ったと告げた。岡本がアクションの見せ場として入れた場面だった。更に怒りがヒートアップした岡本は本作がレーザーディスクになるまでの約四半世紀に亘り本編を鑑賞しなかったが、鑑賞後は福田に「案外面白かった」と話したという）。

これだけ007好きの岡本だったが、藤本の007への参加の誘いに対して〝ＮＯ〟という返事をした。理由はよくわからない。小谷も勿論だが、藤本も驚いた。小谷の推測では次回作の準備で忙しかったからではないかという。そろそろ『江分利満氏の優雅な生活』を作り作品にテーマを織り込むようになる過渡期ではあったが、それでも国際舞台で自分の実力を示せるという願ってもないチャンスを捨ててしまうとはどのような心境からだったのだろうか？　監督自身が亡くなっているので知りようがない。尚、『００７は二度死ぬ』は東宝側から『勇者のみ』をフランク・シナトラと作った奥田喜久丸が日本側のプロデューサーとして起用され１９６４年の東京オリンピック後に撮影され完成した。

脚本＝黒澤明　監督＝岡本喜八

ここに一冊の奇妙な準備稿がある。表紙には「姿三四郎」。脚本には巨匠・黒澤明。監督は岡本喜八とある。実現はせず､別の監督で完成された。黒澤明の処女作『姿三四郎』は再上映で短縮版に編集し直したが、切り離したネガを紛失してしまい続篇と合わせて全てを観ることが出来なかった。これを一本の映画としてリメイクして全長版として鑑賞できるようにしようという目的で企画は始まったようだ。

内川清一郎監督＝加山雄三主演でリメイクされ公開されたのは１９６５年だが、その企画は１９６１年には始まっていたようである。前章で述べた藤本真澄が当時様々なメディアで「来年の東宝の目玉作品は、岡本喜八が監督する『姿三四郎』」と言って回っていた。数年に亘り東宝の年間のラインナップに本作が挙がっておりそれを目にした方も多いと思われる。

１９６１年というと、岡本が『暗黒街の弾痕』『顔役暁に死す』『地獄の饗宴』とアクション映画のみを撮った年である。藤本は岡本に『姿三四郎』の監督に指名する程のキレを感じたのだろう。本来ならば黒澤直系の人間、例えば堀川弘通辺りを指名しそうなものだが。

岡本喜八は黒澤明の助監督を務めた事はない。『黒帯三国志』の助監督の時、成城学園前駅までの道のりで一緒になった黒澤本人から「そろそろうちの組の助監督をやってくれない？」と誘われたが、助監督内のスケジュールが合わず断念。次は『デルス・ウザーラ』をソ連（現・ロシア）で撮る事になり要請を受けたが、『吶喊』の準備中でこちらも断念。むしろ岡本と黒澤は縁遠い関係だった。そんな二人を結び付けようとした藤本は両方に共通する何かを見出していたのかも知れない。

　岡本の才覚を見抜いていた藤本だからこそ、００７監督選択の筆頭に選んだのであろう。また、岡本が『殺人狂時代』をオクラ入りにされて腐っていた時に、『日本のいちばん長い日』を復帰作として彼に任せたのも藤本である。岡本の作品はどちらかというと田中友幸プロデュース作品が多く、むしろ藤本とは無縁で、自分に〝変化球監督〟とレッテルを貼ったのは藤本だと、岡本によるネガティブな発言が多かった。しかし岡本の監督人生の岐路にたびたび登場して彼を東宝の代表的な監督に導こうとしたのは藤本であったと言える。

　そんな藤本の気遣いも水泡に帰す。岡本は黒澤脚本の「姿三四郎」を断ってしまう。この時の理由は明白だった。戦時中に作られた黒澤明監督作品の『姿三四郎』とその続篇は戦意高揚の観点から製作され物語の根底に忠孝というテーマがあった。外国人を投げ飛ばすという場面は流石にオミットされてはいたが、黒澤の筆によるシナリオは一切変更ならないというお達しで、忠孝に抵抗があった岡本は降りてしまう。

　夢のコンビによる「姿三四郎」はついに実現しなかった。しかし、長回し重視の黒澤と成瀬己喜男譲りのコンテ主義で細かいカット割りの岡本の映画の作り方には相容れない物があったと思われ、根本的に合わなかった気がしてならない。それはそれで観てみたかったが。映画は前述のように内川清一郎監督によって演出され黒澤自らが編集をして完成された。内川は黒澤の助監督だった。三船が矢野正五郎を演じ、その他も東宝俳優陣の豪華共演した大作だった。後年、三浦友和主演で岡本喜八監督作品『姿三四郎』が作られたが、岡本は「別に撮りたくはなかったんだ(笑)」というあんまりな返答をしている。この話は次の章に通ずる。

日本で最もギャラの高い監督

東宝との監督契約が後々まで継続していたため回って来た作品も多かった。6年越しの企画で何年もラインナップに上がり監督は終始岡本とされていた物があった。1977年にその作品の載るラインナップに並行して並べられた「姿三四郎」や「UFOブルー・クリスマス（ブルー・クリスマス）」は監督未定のままだったが、結局岡本が演出を請け負い2本続けて完成させている。契約が継続していて〝日本で最もギャラの高い監督〟と言われた時期で請け負わざるを得なかった。「別に撮りたくはなかったんだ（笑）」発言はこの辺に端を発していると思われる。

そして、その6年越しの企画も実現せず、幻の喜八映画となった。タイトルは「邪馬台国」。小松左京、豊田有恒らのSF作家が協力し田坂啓の筆によるシナリオは第4稿まで刷られたが副題はそれぞれ違っている。1970年代に起きた邪馬台国ブームと同時に始まった企画で、日本民族の源流邪馬台国を舞台に女王ヒミコの謎を探りながら古代日本の愛と戦いを一大ロマンス大作として製作する予定だったが、肝心の邪馬台国の場所がどこであったかという議論がブームの中心になって行くと、どの説に準ずるかという難題にぶつかってしまう。その間に篠田正浩監督による『卑弥呼』が、1978年に市川崑監督による『火の鳥』が製作され、1979年に再び邪馬台国ブームが来ると見込まれての製作スタートだったようだが、ブームは来ず製作されなかった。この企画が生きていたのか、ただの偶然か、後年「ヤマトタケル」の演出を岡本は依頼されている。

幻の喜八作品　東宝篇

『KIHACHI　フォービートのアルチザン』編集の際、岡本に企画倒れとなった作品についても取材したが、岡本の希望で掲載を見送られた。前記の作品は話に出なかったが、ここではその取材時俎上に上がった幾つかの作品について記す。これらの作品は岡本も公言しているので、ご存知の方も多いと思われる。

「ゴメスの名はゴメス」

結城昌治による日本初のスパイ小説と言われた本を東

京映画で撮る予定だったが中止になっている。小説の舞台はベトナムだったが、国際情勢が不安定になり断念せざるを得なかった。原作はベトナムで失踪した友人を探している内に陰謀に巻き込まれていくという展開だったが、映画のシナリオは主人公と失踪する友人の妻との不倫関係を盛り込んだラブサスペンスのような話になっている。脚本は池田一朗と山崎剛太郎。総天然色、カラー作品の予定だった。主演は仲代達矢、友人の妻に香川京子というキャスティングだけが決まっていたらしい。実現していれば香川出演の唯一の喜八映画となっていた。残念である。本作は俳優座製作でテレビドラマ化され、その後編集され『ゴメスの名はゴメス　流砂』と題されて松竹系で公開された。主演は喜八版同様仲代達矢。栗原小巻の映画デビュー作となる。不倫の話は微塵もない。やはりベトナムロケは見送られ香港を舞台として製作。監督は後に直木賞作家となる高橋治。高橋は松竹時代の思い出をほとんど語らずに近年亡くなった。沈鬱な展開だが、喜八組佐藤勝によるテーマ曲は明るく楽しい。

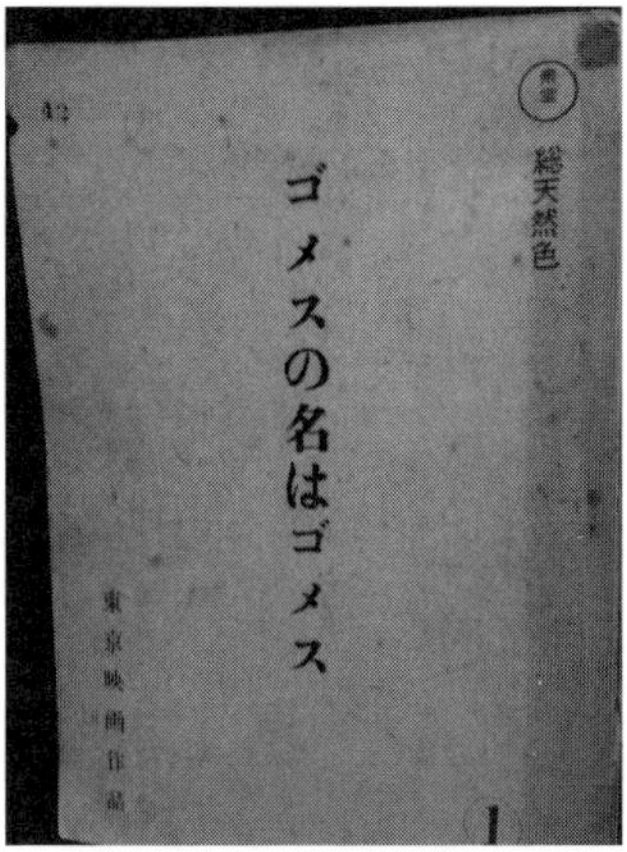

「日本アパッチ族」

小松左京の最初の長篇ＳＦ小説を東宝が映画化を進めていた作品。追放された失業者が環境に適応して鉄を食料として生き残り、自分たちも鉄化して行き国家権力に対してクーデターを起こすというアナーキーな話をクレージーキャッツのメンバーで製作する予定だった。古澤憲吾の専売特許のようなクレージー作品を岡本が初めて手掛けるというので話題になったが、「変な映画ばかり作って〝変化球監督〟のレッテルを貼られたせいで企画は棚上げされてしまった」と岡本はこの「日本アパッチ族」の話が出る度に語っていたが、小松左京自身が自著の文庫本のあとがきで「１９６０年代の東宝では、反体制的な色合いの濃い映画になりかねませんでした。私はそれがいやでした。従って私のほうから映画化を断ったのです」と自らが映画化を止めた旨を書いている。確かに原作読了後と山田信夫によるシナリオ読了後では、後者の方がアパッチ側の日本国への怒りを根深く感じる。

小松の発言が正しいのだとしたら、山田と岡本（クレジットが無くても監督の意見は反映される）のシナリオに込めた思いが小松を刺激し結果的に映画を頓挫させてしまったのが正しいのかも知れない。『江分利満氏の優雅な生活』以降の岡本の作品に込めるテーマがお国に対する反撥となって行く初期段階での話なので、この頃の岡本の作品への気持ちは理解できる。だが、奇妙なレッテルを貼られた岡本の思い込みが生前の棚上げ発言になっているのなら少し気の毒である。これで岡本を買ってくれていた藤本へ反感を抱いていたのなら、藤本もまた気の毒である。

「日本アパッチ族」は現在でも映画化されてはおらず、近年「鉄になる日」と題されてラジオドラマ化されギャラクシー賞等を受賞し、決してテーマが古ぼけていないと証明された。クレージーキャッツの映画を撮る＝東宝の人気作品の監督という認識があったらしい岡本だが、岡本喜八が『ニッポン無責任時代』を作っていたらどうなっていたか？　古澤憲吾が『暗黒街の対決』を撮っていたら？　二人ともここまで評価はされなかったであろう。実際、岡本監督作『月給泥棒』のシナリオライターである松木ひろしが『ニッポン無責任野郎』も書いていたと後で知った岡本は「〈話が〉同じじゃないか」と後悔を公言している。

「五十万人の遺産」

菊島隆三の脚本による日本軍の隠した丸福金貨を巡る冒険活劇。元々は岡本が監督する予定で企画は動いていた。岡本としては初めての菊島脚本でかなり張り切っていたと思われる。しかし、東宝は三船敏郎に独立プロダクションを作らせようと画策し、話題作りのために第1回三船プロ作品として『五十万人の遺産』を企画、主演の三船に監督をさせる事にした。岡本側には何の断りもなく記者会見が開かれ、田中友幸、藤本真澄、三船敏郎が登壇し三船プロの設立と本作の製作発表をぶち上げた。その時岡本は助監督だった竹林進とロケハンの真っ最中で和歌山の山奥にいた。フィリピンのジャングルを国内で撮影するためのロケ地探しのためだった。製作された三船監督作品では実際のフィリピンで撮影されたが、あまり国際色を感じる要素はない。三船の監督補佐として東宝の助監督だった小松幹雄が当たっているが、これは三船プロ設立前に会社に内緒で三船のアリナミンのCM製作を手伝っていたからの抜擢だった。現場では三船はたまに画コンテを描く程度で、ほとんど小松が演出していたという。その後小松は劇映画の監督はしていない（テレビの演出は結構やっていたが、酒を飲んで現場に来ることが多々ありスタッフを困らせたと当時の助監督は語っている）。そして、撮影は斉藤孝雄、記録は野上照代の黒澤組。更に編集は黒澤明が手伝うという贅沢さ。現場への撮影の指示も黒澤自ら行っていたという。

しかし、批評は散々で手伝った黒澤からも製作全体に批判的な意見が出て、黒澤と三船のコンビがギクシャクするきっかけになってしまったと指摘されている。ここでも田中友幸に裏切られてしまった岡本。しかしそれ以上に噛みついたのはみね子夫人だったらしく、岡本が止めるのも聞かず田中に泣きながら電話で何時間も文句を言い続けたという

三船プロ設立会見の時、岡本らがロケハンをしていた和歌山の山奥とは龍神村で、これは後に『大誘拐』を撮影して、ロケハンが無駄にはならなかったと話していた。

批評が散々だったと前記したが、岡本が演出だったらと思う局面がいくつもあり、きっとあんなに沈痛な印象は感じないラストになったであろうと思うと残念でならない。ここでも喜八組佐藤勝の音楽は軽快である。むしろ作品の雰囲気を浮上させせようとわざと軽快にしているような気がする。

その直後三船が自社作品『侍』を制作する際に、真っ先に岡本に声を掛けたのはこの時の三船の謝罪だったのかもしれない。そして三船は次の大作も岡本に委ねるという律義さだった。その大作が……。

「馬賊」

ある日石原裕次郎が撮影所にやって来て、岡本に「一緒に映画を作りましょう！」と言った。全てはそれが始まりだった。１９６３年石原は石原プロモーションを設立し、既にスタープロとして動き出していた三船プロとの提携を画策していた。東宝所属の三船と日活所属の石原による五社協定への挑戦だった。

１９６４年、石原は三船プロとの提携での映画製作の計画を大々的に発表する。その第１回作品が岡本喜八監督による「馬賊」だった。脚本はこれまた山田信夫。関東軍を脅かす馬賊となった日本人に会うために満州に渡った兵士が誘拐事件に巻き込まれるという『独立愚連隊』の流れを汲むような話。岡本と山田は入念な取材をしてシナリオを完成させた。雑誌にも掲載されたので読まれ

た読者もいるだろう。『五十万人の遺産』で悪化した関係を取り返そうとする三船の配慮だとしたら、本当に気遣いの人だったのだと理解できる。

しかし半年後、「馬賊」の一時延期が発表され、その後製作中止を発表。五社協定の壁に阻まれたのが原因だった。配給は東宝と日活に交互に任せるという譲歩をしたにもかかわらずの中止だった。石原は断腸の思いだったであろう。この悔しさがバネになった執念が『黒部の太陽』で結実するのはご存じの通りだ。

一方の体の空いた岡本にはまたしても三船からの手が差し伸べられる。「血と砂」である。軍楽隊が戦場で実戦に巻き込まれるという話は既に会社へ提出してあったが、松山善三監督による団伊玖磨の自伝に基づく『戦場にながれる歌』という似た企画があった為に棚上げにされていた。その「血と砂」が三船プロで実現する運びとなった。岡本は

「馬賊」についてあまり多くを語らなかったが、この「血と砂」の実現は本当に嬉しかったと思う。この『血と砂』が『独立愚連隊』から始まるシリーズの集大成であるという意見に異論はなかろう。また、みね子夫人のシナリオの師匠であった佐治乾と岡本が共同でシナリオを書いた点でも夫人には思い入れの強い作品になっているという。

「七歳の捕虜」

東宝が創設40周年を迎えた年、昭和47年は東宝の映画部門にとって最悪だった。次々と送り出す映画はどれも不発で邦画会社では最悪の成績が続きついに社内の製作体制にメスが入り始めた。勝プロ等の独立プロから作品を買い付け、契約していた自社の監督たちとの契約を打ち切ったり、幾つかの作品は製作したが公開しないというオクラ入りまでさせて改革に取り組んでいた。

岡本も契約があったので作品を作る事になった。それが表題の光俊明の実体験を書いた戦争物に決まり40周年記念作品として発表された。太平洋戦争中の中国大陸で一人ぼっちで捕虜になった中国人少年と日本軍の数奇で心温まる物語。主演は小林桂樹。少年を助ける兵隊の役

だと思われる。完成していれば岡本の戦争映画に別の一面を持った傑作が生まれた筈。スピルバーグの『太陽の帝国』に先んじた事は確実だ。しかし、たった数週間で企画は変更されてしまう。次に発表されたのは五木寛之原作の『にっぽん三銃士』。主演はこちらも小林桂樹。小林のスケジュールありきの企画だったのだろう。恐らく美術等で金のかかる戦争物よりは少しのセットで製作できる現代物の方が東宝としても安上りで作りやすかったのだろう。東宝が本末転倒し始めていたのがわかる。夫人からも残念だったという話を聴いた。

東宝時代はこれにとどまらず、かなりの企画が立てられ消えていった。興味深いのは司葉子主演で準備された「霧の旗」もその一つ。脚本は大御所の橋本忍。ミステリー好きの岡本が松本清張をどう料理するか、とても興味を惹かれるが、映画化を所望した松竹の山田洋次がその橋本脚本を倍賞千恵子で映画化した。ミステリー風な作品は多いが岡本のミステリー作品はテレビの『幽霊列車』くらいではないだろうか？

岡本の没後に書籍化され近年舞台にもなったのでご存じの方も多いと思う「青い眼の赤トンボ」というシナリオがある。これは当時東宝が三浦友和と並んで売り出していたハーフの草刈正雄を当て書きした戦記物であったが実現には至らなかった。東宝の契約監督でありながら売り出し中の二人の俳優とは一本ずつしか組んでいない所は岡本らしいといえばらしい。

出来が悪けりゃ……

岡本作品を語る上で、たまに俎上に上がるのが特撮を使った作品があまりないという話がある。これは一人歩きして〝岡本喜八は特撮が嫌い〟という話になっている事がある。確かに特撮を使用した作品できちんとクレジットされているのは『沖縄決戦』だけで、それも沖縄県庁が爆発するシーンだけである。岡本作品のプロデューサーは田中友幸が多かった。『ゴジラ』等特撮作品のプロデューサーとして世界中に名の知れた田中だが、特撮物を岡本に任せた様子はない。強いて言えば『日本沈没』があるが、これも岡本が断っている。

しかし、未製作に終わった実写版の「遠い海から来たCOO」の準備に入っている時、喜八プロには巨大な首長竜が沢山登場するクライマックスを想定したジオラマが組まれていた。筆者が〝誰が特撮監督をするか〟尋ねると、〝勿論、岡本喜八〟という返答だった。別段、特撮を嫌っている様子はなかった。しかし、これは至極簡単な理由で、それを理解すれば岡本の幻となった他の作品の降板理由も分かった気がする。

『日本のいちばん長い日』で藤本から「じゃあお前が撮ってみろ」と言われた時、ある条件があったと後で聞いた。それは、〝岡本一人では変化球過ぎて危険なので、共同監督として森谷司郎を付ける〟という指示だった。再起する絶好期だったにも係わらず、岡本はこれを断ってしまう。「出来が良ければ森谷のおかげ。出来が悪ければ俺のせい」。きっと会社や世間はこう言うに決まっている。半分僻みも入っているような気もするが、〝変化球監督〟への風当たりを考えたら納得できる発言だ。やむを得ず、藤本は岡本の単独作品として監督を任せる事になる。

これを理解すると全ての謎が氷解する。007の場合、日本側の監督としての参加でこれも共同監督だ。「出来が良ければ向こうの監督のおかげ、出来が悪ければ俺のせい」。きっとこう言ったに違いない。「姿三四郎」もそうだ。評価されるのはきっと黒澤だろうと。「遠い海から来たCOO」降板時も同じ事を言っていた。原作者の景山民夫や小川知子が全面に出て連日ワイドショーを賑わせた宗教活動がひと段落ついた頃、突然の製作中止が告げられた。「出来が良ければ神様のおかげ…（以下同文）」。特撮も同じ理由だったのだろう。作品に映ったすべてのシーンに責任を持つ事が演出の基本であり、自分の与り知らぬ他人の作ったパートが自作を侵食する事が許せなかったというのが真相だったのではないか？　特に東宝の場合、本多猪四郎と円谷英二のコンビは共同監督のような扱いだったのは見逃せない事実だ。

他にも「八甲田山」等降板した作品は多数あると聞いた。特にこの「八甲田山」は山好きの岡本にはどうしてもやりたかった作品だったと聞く。問題は製作元に名を連ねた宗教団体の関連企業だったのではと推測される。これも神様のおかげにされちゃ敵わなかったのだろう。

なかには撮影に入ったのに撮影中止になった「白い決闘」という加山雄三と上原謙の親子共演作もあった。これは加山をスライドさせて『顔役暁に死す』を作ったようだ。

黒白の映画監督

我々の本の表題「フォービートのアルチザン」は岡本自身の命名による。「岡本喜八作品集」では味もそっけもないから何か良いタイトルを考えようと一旦時間を置く事にしたら、龍神村へ『大誘拐』のヒットのお礼に行く途中の新大阪駅で、チョコチョコと岡本が筆者に寄って来て右手で顎をさすりながら、「小関さあ、『フォービートのアルチザン』てどうだろう?」とすごく照れくさそうに言ったのを昨日の事のように憶えている。自分を〝アルチザン〟と呼ぶのは流石に恥ずかしかったようだ。帰京して早速佐々木に伝えたが「作品集にアルチザンなんてつけられないよ」と反対されたが、折衷案として「KIHACHI　フォービートのアルチザン」に決まった。この〝アルチザン〟が岡本の代名詞となって広がって行ったのは我ことのように嬉しい。筆者はこの時まで〝アルチザン〟なる言葉を恥ずかしながら知らなかった。フランス語で職人を表すアルチザンという言葉。受けた仕事はどんな物でも最後まで責任を持って完成させる岡本自身の事である。

映画評論家の石上三登志が岡本とコントラストのような映画監督を挙げ、そのコントラストを面白がっていたのを思い出す。黒の岡本に対して、白の鈴木清順である。岡本と同い年の清順は、岡本と同じく出征し帰還した時には同級生の半分以上が戦死。映画監督となってからは、アクション映画が主なフィールドだったが、〝変な映画を作る〟監督として会社からマークされ、その挙句に作ったアクション映画が原因で会社から干されてしまう点まで同じだ。また日活時代に石原裕次郎の映画を作らせてもらえなかった事にコンプレックスを抱いていたのも、岡本のクレージーキャッツへの思いのままで興味深い。

また一方、流れるようなコンテでカット割りを感じさせない岡本演出に対して、奇抜なカメラアングルで観客の度肝を抜いた清順の撮り方の違いも二人の個性を決定的な物にしている。石上が開いていた映画の講義で、岡本の『暗黒街の対決』と清順の『野獣の青春』は両方共大藪春彦の原作の映画化だがこんなに違っている等々様々な角度から二人の研究がなされた。なるほど『13号退避線より　その護送車を狙え』と『暗黒街の対決』は両方関沢新一の脚本で封切りが一ヶ月も違わないが、同じアクション監督でもこうも違うかと感心させられた。福田純や谷口千吉が作ってもここまで違わないだろう。

しかし、晩年に岡本は自宅を抵当に入れてまで自身の主張を込める映画を作ったが、清順は周りに流されて作っているようにしか思えなかった。自分を〝アクション監督〟と呼び『殺しの烙印』や『野獣の青春』を撮った清順の『ツィゴイネルワイゼン』から始まる三部作に元々の清順らしさは感じられない。木村威夫や荒戸源次郎、田中陽造らに作らされていたのではと思う節があり、むしろ『カポネ大いに泣く』や『ピストルオペラ』に清順らしさを感じる。これは逆ではないか？　自分の主義に合わない映画は作らない岡本、本当に撮りたかったのか分からないが映画は撮り続けた清順。岡本こそアーティストで、清順は何でも請け負うアルチザンだったのではないかと最近感じる。

岡本喜八は実は〝フォービートのアーティスト〟と呼ぶのが正しかったのかも知れない。

「斬る」ノススメ

そんな岡本のアーティストらしさが出ている一本の作品がある。主張というより私怨のこもったという方が正しいかも知れないが。浅草東宝のANで筆者が番組の担当期間中に最も繰り返し上映した作品は、岡本喜八監督作品『斬る』である。当時DVDにはなっておらず、三隅研次の同名作の影で忘れ去られがちなのと、内容も黒澤明の『椿三十郎』に似ているからと避ける人間もいる。しかし、観る機会が無いのでは話にならないとセコセコと岡本以外の特集にも組み込んだがなかなかうまくいかなかった。

筆者は本作が大好きである。ずいぶん後でDVD発売の際、快楽亭ブラックや出渕裕らがCS番組で『「斬る」発売前夜祭』という番組に出演して作品の魅力を大いに語っていた。こんなにも理解者がいるのかと感動した。岡本が生きていたらさぞや喜んだであろう構成だった。しかし、DVDは時代劇の一本として発売され、あまり売れ行きは伸びなかったらしい。筆者も出演した映像特典の『「斬る」ベルリンを行く』も少し内輪受けが過ぎたかもしれない。出渕も番組内で白状していたが、「機動警察パトレイバー」の後藤隊長は『斬る』の仲代がモデルだという。これを聞くと少し食いつくアニメファンがいるが、いざ映画自体を観るとあまり面白かった様子はない。なぜだろう？

ビデオ部門にいた時の珍妙な会議のやり取りを思い出す。『大誘拐』のビデオを東宝からリリースする代わりに、『斬る』『血と砂』『江分利満氏の優雅な生活』『ああ爆弾』の4本も一緒に出してくれという喜八プロの希望だった。松岡社長（現名誉会長）のひと声で『大誘拐』製作から手を引いた東宝には本来ソフト化権はなかったが、この4作品を出すならと東宝にビデオ化権を回してくれた。しかし、その編成会議で売上の伸びない旧作に苛立っていた役員がいきなり編成表を叩き怒鳴った。「お前ら、こんなにたくさんの作品を売切れるのか？　なんだこのタイトルは？　『ああ爆弾』？　なんだこれは？『血と砂』？『斬る』？　さっぱりわからん！　『江分利満氏』、これは良い」。完全に作品を観ていない人間の意見だ。そもそも直木賞を取ったサラリーマン物だから『江分利満氏』は良いと言っているだけで、一番ヘンテコな映画がそれだと知らないのだ。東宝の社内には常にサラリーマン向けの映画を作ろうという雰囲気があり、役員もそれに基づいた行動だったと思われる。

旧作を引っ込めるという東宝からの通達に岡本は怒りをあらわにし、『大誘拐』を引っ込めると言ってきた。慌てた事業部は前言を撤回。岡本をなだめる為に前記4作を含む10本の岡本作品がビデオ化される事になった。東宝社内の認識がこの程度である。岡本作品の魅力を伝えるのは難しいと諦めるしかないのか？

では筆者は『斬る』をどう観ているから面白いのか考えてみた。結論はすぐに出た。『斬る』と『殺人狂時代』は兄弟いや合わせ鏡のように思っている。トボけた仲代が主人公である位しか共通点がなさそうだ。しかし、『殺人狂時代』がオクラになり撮影所で干された岡本が『日本のいちばん長い日』で復活し次に撮った『斬る』に自分の恨みつらみを込めたと筆者は感じている。

『斬る』の主な登場人物はほぼ全員何かを失って取り戻そうとしている。主人公然り、元百姓然り、組長さん然り、若い侍たち然り、一揆の残党然りだ。これは一年近く映画を作れなかった岡本の姿を様々なキャラクターに分散させているように思える。劇中仲代演じるヤクザが「侍なんて」と高橋悦史演じる元百姓に諭す場面があるが、あそこはまんま〝監督〟に読み換えられる。原案とされる山本周五郎の「砦山の十七日」は映画の中では本当にごく一部の扱いだ。他はほぼオリジナルと言って良い。そして、岡本の味わった孤独感がひしひしと感じられる。そして敵である鮎沢こそが、『殺人狂』をオクラにした撮影所長と見ると合点が行く。彼だけは何も失っていない。岡本は『斬る』を作る事で仇を取ろうとしたのでなかろうか。筆者は各キャラクターがこれほどまでに立っている映画はないと思っている。それだけ岡本の気持ちが強かったのだと思う。

というう勝手な見方をしているのは筆者だけだろう。

独立後　幻の喜八作品

契約終了となった岡本は、喜八プロの社長と監督という二足の草鞋が本格化する。本来ならば会社存続の為に利益の確保を優先して当たりそうな映画を作らねばならないが、岡本の場合益々アーティスト性が強くなり、作りたい映画が優先された。自宅を抵当に入れてまで映画を作る監督は岡本と伊丹十三くらいではなかろうか？（伊丹も成功以降は出資はしなくなる）。映画を作るためには生活を賭ける姿勢は最後まで変わらなかった。そんな岡本の元には自ら撮りたい映画の他にも幾つかの企画が集まって来た。その中に実に不思議なシナリオがあった。

「名前のない道」と表紙に日本語で書かれたシナリオは最初から最後まで横書きだった。主人公の名前はKID。英語の口述筆記を日本語で書いている等細かい注意書きの後で物語はトーカイ村から始まる。暫く読み進むとある事に気付く。表紙に戻って名前を確認する。「原作・脚本　Leonard Schrader」の文字に愕然とする。もうお分かりと思うがこれは長谷川和彦監督作品『太陽を盗んだ男』の最初のシノプシスなのだ。レナードの話す英語を日本語のシナリオにしているのは日本人妻サチコ夫人だった。何故『太陽を盗んだ男』の初期シナリオが岡本喜八の元に？　通説では大物プロデューサー山本又一郎とシュレーダー兄弟の関係から実現したと言われていたので恐ろしくて訊けなかった。そもそもいくら日本通のレナードでも最初に送るなら怖いもの知らずでも黒澤明ではないだろうか？

答えは単純だった。岡本夫妻が初めて渡米した際に通訳を含め渡米までののセッティングをしてくれたのがサチコ夫人で、現地での案内は旦那のレナードが行ったのだった。飛行機嫌いの岡本がよく渡米できたと不思

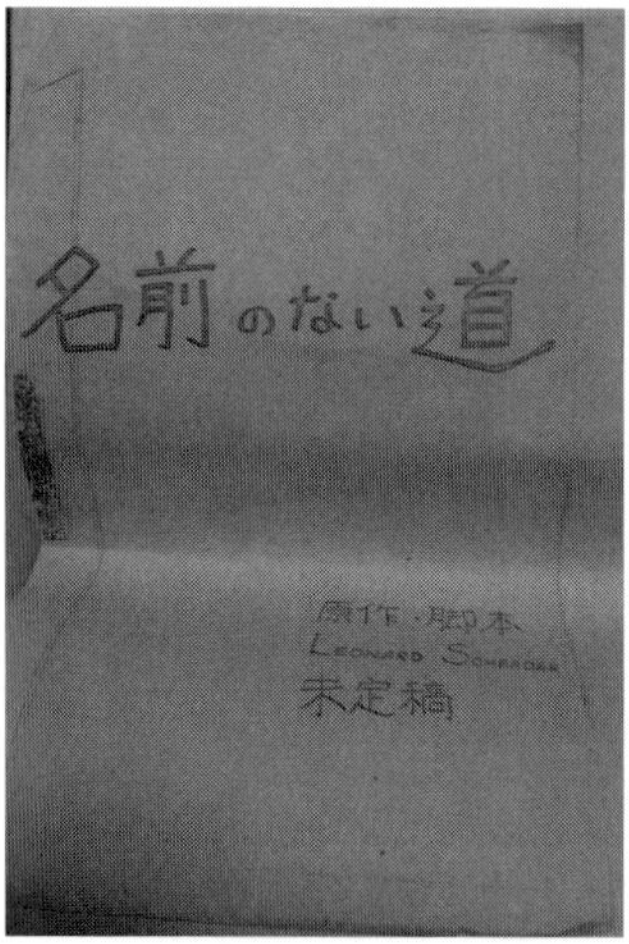

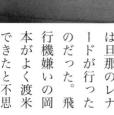

議がっていた話からこの夫婦の手厚いもてなしに何のストレスも感じる事なくアメリカを満喫できた岡本はこの日本通の米人脚本家と心を通じ合わせ、レナードも岡本にシンパシーを感じ最初のシナリオを送って来たようだった。

無論喜八プロでは検討されただろうが、やはり岡本の志向とは若干違っていたのか企画は断念され改めて山本らのプロダクションへ移って行ったようだ。岡本喜八の「太陽を盗んだ男」を観てみたかったとは思うが、原爆という日本にとってデリケートなテーマを含んでいたために所謂圧力団体から脅しをかけられた時に監督の長谷川が胎内被曝者であった事で相手は黙って引き下がって行ったエピソードを聞くと長谷川で正解、いや唯一の監督が長谷川だったのではと思う。オクラ作品をこれ以上馬鹿な理由で増やさないで欲しい。伊藤雄之助の出演が岡本への仁義だと思うとちょっと楽しいが、それはないだろう。

「唐獅子株式会社」は小林信彦原作のコメディだが、喜八プロが映画化権を取得するまで紆余曲折があって岡本の筆によるシナリオが刷り上がっていた。しかし当時作品を抱え込んでいた岡本に取り掛かる余裕がなく権利は他へ流れてしまった。『殺人狂時代』がオクラになった際に唯一といって良いほど岡本を応援してくれた小林の作品を映画にするのは念願だっただろうが残念な結果に終わっている。岡本の後もかなりゴタゴタしたが、曽根中生監督、横山やすし主演で映画化に漕ぎつけた。

にっかつロマンポルノとして企画された「村の女は眠れない」の脚本は『斬る』を共同執筆した村尾昭だった。『近頃なぜかチャールストン』の後に企画された作品で「スポーティなポルノを」と岡本も乗り気だったが実現しなかった。草野比佐男の農村をテーマにした詩を原作にするという珍品。東映の任侠路線がほとんどだった村尾は保険として『斬る』の脚本を任された。岡本邸に籠り夜中にリビングでシナリオを書きながら「エイ！」や「ヤア！」とチャンバラシーンで大声を出して岡本家の住人はビックリしてたたき起こされたと話していた。しかし、デビュー作『結婚のすべて』はともかく、岡本の描くこの頃のセックスは『吶喊』や『青葉繁れる』で散見されるようにどうも監督自身が照れているのが伝わり、観ているこちらも居心地の悪さを感じたので作らなくて良かった気もするのは筆者だけだろうか？

前述した『遠い海から来たCOO』も幻の喜八作品で

ある。当時松竹の奥山和由がプロデュースして東宝が配給するという不思議なお膳立てがされた。ある年の東宝の正月パーティで奥山が名刺を配りまくって一番目立っていたのを憶えている。これが理由ではなかったが、結局イレギュラーな企画は実現せずに終わった。みね子夫

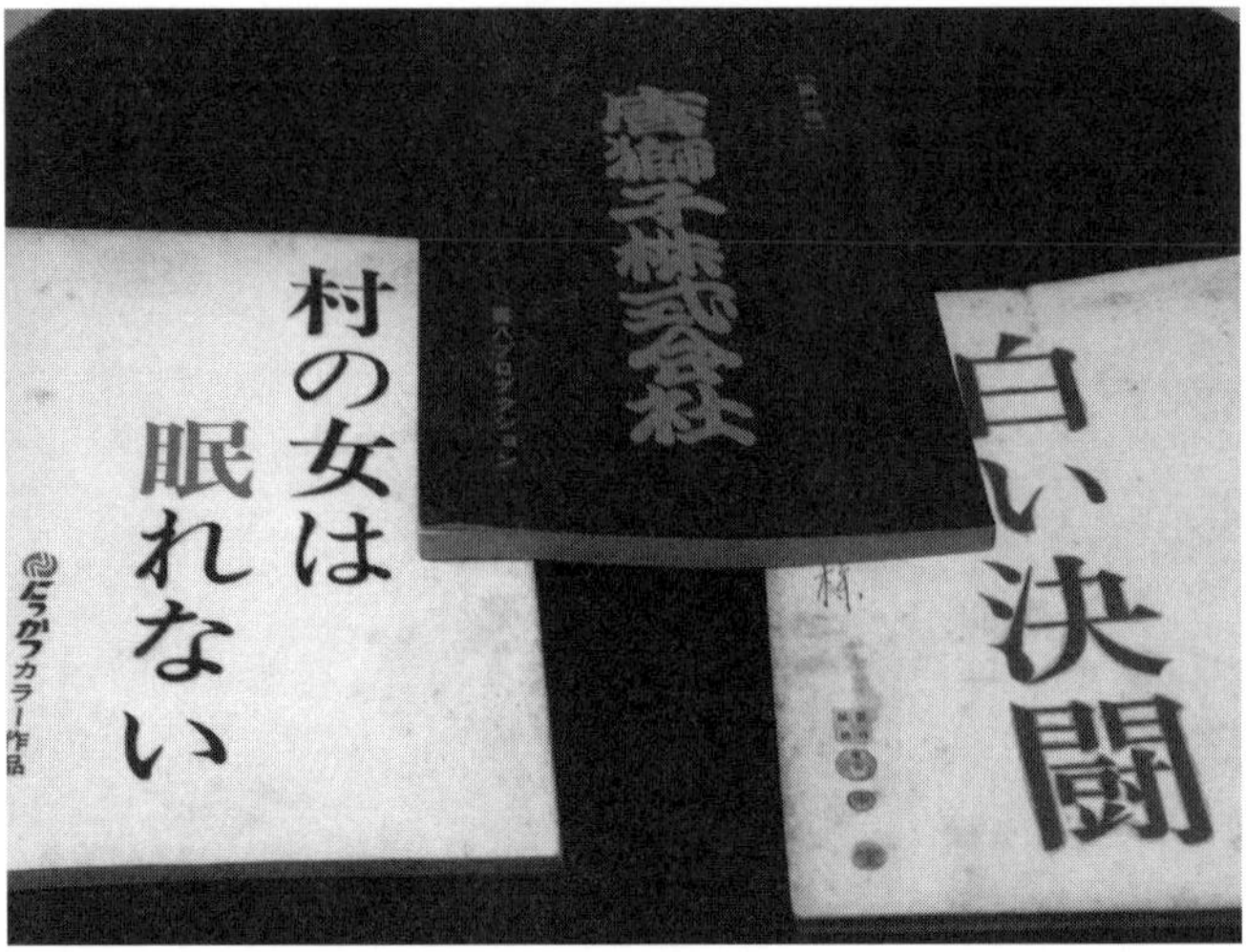

人の「喜八にも一本位ファミリー映画を」という願いは叶わなかった。しかし、東映動画でアニメーションとして製作される事になってシナリオの作成に取り掛かったがどれも岡本版を超えられず、最終的に岡本の筆によるシナリオが採用され、半分幻の喜八映画となって実現した。本格娯楽アクションになっており往年の喜八アクションを彷彿とさせる場面が幾つもあり楽しめる。

元々は同じ景山民夫原作の「虎口からの脱出」を映画化しようという話がスライドして「COO」になったと聞いた事がある。戦時中の中国大陸を張作霖爆殺事件の唯一の目撃者の少女を連れて脱出する冒険活劇であり岡本に心酔した景山への影響が散見できる傑作で幾つもの受賞歴がある。梁隊長に捧げられているというのも景山の心酔ぶりがよく分かる。梁隊長は『独立愚連隊西へ』の冒頭とラストに登場するフランキー堺が演じた架空の人物である。

『EAST MEETS WEST』の後、松竹のラインナップに驚きのタイトルが挙がった。「男性自身」。山口瞳のエッセイの映画化である。監督・脚本は岡本喜八。自作で最も好きと公言していた『江分利満氏の優雅な生活』の続篇に当たる作品になるはずだったのだろう。不器用にしか生きられない男の心情を様々な技術で見事に映画化した前作は東宝から〝変な映画〟というレッテルを貼られ打ち切りの憂き目にあった。老境を迎えた岡本がい

かにして続きを描くのか、期待は高まったが流れてしまった。これは本当に残念だった。

「五拳」も書籍化されたのでご存じの方も多いと思われる。岡本とブルース・リーやジャッキー・チェンの格闘技アクションとは無縁と思われた世界に挑んだ内容。捉えようによっては「ドラゴンボール」や「北斗の拳」に通じる要素があり完成していれば若年層を取り込めたかもしれない。

「アンドロイド」も上記の書籍に収録された。岡本のオリジナルによる本作は珍しいSFである。核の影響で人口の三分の二が死滅した未来が舞台だがSFというジャンルにこだわらず岡本の好きな要素を詰め込んだおもちゃ箱のような内容。オリジナルは興行的に難しいと考えたみね子プロデューサーは山田風太郎原作の「幻燈辻馬車」の映画化を提案。初めて喜八映画のシナリオを中みね子の名前で書いた。企画はそちらにシフトしたが病に倒れた岡本は間に合わなかった。明治村でのロケハンも済ませて山下洋輔によるテーマ曲も出来上がっていたが40作目の監督作品は実現しなかった。

岡本には以前より同世代で戦中戦後を生き抜いた山田の小説を映画化したいという希望があり、山田のエッセイ「死言状」をシナリオ化し緒形拳に山田空太郎を演じさせようと準備した時期があった。これも実現していれば『江分利満氏』のような作品になっていたかと思うと残念である。

別れの日

シフト勤務のありがたさで岡本家には死後すぐに訪問できた。都合のついた佐々木とボンヤリと小田急線に揺られていた。風呂にあまり入らなかった岡本がパンツは表裏前後で4日履ける。そしたら洗わずに多摩川に差し掛かった時に電車の窓から捨てていたという話を思い出して笑ってしまった。岡本家に着くとリビングに白装束の岡本が穏やかな顔で横たわっていた。言葉が無かった。小谷監督から浅草の打ち合わせの時に「今会わないと、もう岡本監督に会えないかも知れないぞ！」と言われ急いでみね子ママに電話したら、「すぐに良くなるから心配しないで」と面会を断られてしまい結局病床にあった生前の岡本に会う事は出来なかった。少しママを恨んだ。

お通夜、本葬の両方に列席できた。本葬の時、生田で降りた際に清順と遭遇した。『夢二』の取材で会ってはいたが清順は筆者を憶えていなかった。岡本の葬儀に来たのだと言う清順。「フォービートのアルチザン」の編集時、清順から見た岡本というテーマで文章をお願いしたが、監督協会で会えば話はするが酒を飲んだことが無いという理由で断られた。しかしこの当時は鳥取の映画イベントで一緒になり少し親しくなったそうで、葬儀でも弔辞を読んでいた。司会の本田博太郎は仲代達矢風の喋りで、本人の姿を見るまで全く気付かなかった。小林桂樹が『江分利満氏』で自分だけ賞をもらって申し訳なかったと語りかけていたのが印象的だった。雨の中、棺を担ぎ表に出た。涙が止まらない。知ったこっちゃない。今泣かないでいつ泣くんだ。これこそ今生の別れだ。そんな思いが頭の中を駆け巡る。遺族が火葬場に行く車に同乗して行き、残された自分は雨に濡れながら生田の駅を目指した。

あれから10数年が経ってしまった。この間に岡本の特集企画でベルリン映画祭に行く等岡本関係のイベントが毎年のように続き岡本を忘れる事は無い。そして近年、『シン・ゴジラ』の影響で岡本が脚光を浴びる場面が多々ある。他力本願ではあるが、岡本に目を向けてくれるのは本当に嬉しい。岡本喜八は生きている。少なくともその魂は後進たちの精神に引き継がれている。

ママが岡本の寝たきりの姿を見せなかった事で筆者の中の岡本は新大阪駅で照れていた可愛い姿のままである。また、弟を連れて自宅を訪問した際に、昼から酒を飲んでいた岡本が「弟の方が良い男だなあ」と褒め、その後人に筆者を紹介する度に「こいつね、弟の方がかっこいい小関っていうんだ」としばらく言われた。あの岡本のままである。今はママに感謝している。今もあの三角屋根の一番上の屋根裏部屋のような暗がりでペラの原稿用紙に毎日シナリオを書いているとしか思えない。もう岡本もあの黒いカッコいい自宅もないのだが。

〈文中敬称略〉

（こせき・たいち）

アラン・パーカー追悼?

映画ファン失格

永井啓二郎

アラン・パーカーの新聞等での追悼記事をみると、代表作は『ミッドナイト・エクスプレス』『ミシシッピー・バーニング』でほぼ統一。ジョディ・フォスターをロリコン共に売込んだ『ダウンタウン物語』やテーマ曲大ヒットの『フェーム』はもう忘れられたのか。ミッキー・ロークの……いや、これはさすがに過去の人でバリューなしか。にしても作品の出来より、それが社会派モノかどうかで選ぶセンスは変わりませんな。だったら外電まんまではなく、日系人強制収容所もの『愛と哀しみの旅路』を挙げるのが日本人としてスジだろう。

ま、それはそれとして『ミッドナイト～』だ。公開当時からオレと周りの映画ファンとの評価は大違い。主人公の不運に涙し、人権無視後進国トルコを憎み、ラストの脱獄には大喝采、がオレ以外の連中。大国アメリカの威光を笠に着た主人公が、他国の法律を足蹴にして平気なあたり、オレは不快で不快で。主人公の親父も親父で、倅の麻薬密輸に罪悪感のカケラもなく、ひたすら権利主張ばかり。モンスターペアレントだ。また人物像も図式的で、看守たちは全員ワルで囚人たちは全員善人。ラーゲリの思想犯じゃあるまいし。オレはそれよりも、日本人の観客が、アジア人への差別意識を気にしないのが不思議だった。

映画を作ってる連中はインテリだから九割方サヨク。従って刑務所もので囚人が善玉になるのは当然だが、なぜ堅気の、インテリでもない観客までがノッちゃうのか。『真昼の暴動』のバート・ランカスターなんて、ただの強盗殺人犯で、社会体制への怒りなんてゼロ。それどころか女とのデートのために仲間のギャングどもを危機に陥れる、というヤクザの仁義も弁えない奴なのに、公開当時の昭和ひとケタ、十年代生れのファンに聞くと、なんの疑問もなく面白がってたと分る。施主の妻を盗み、己れの意図に添わないとビルを爆破し、結句、施主を自殺に追込む『摩天楼』の建築家。こんなサイコパス野郎も当時のファンたちは不快がるどころか大いに支持していた。戦時下の窮屈な空気からの反動か?

それだけじゃない。西部邁の自伝にこんなくだりがあった。小学校の映画教室で『硫黄島の砂』をやったら、級友は皆々米軍を応援し、日本兵が殺されるたび喝采していた、と。戦後まもなくで、家族に戦死、戦災死いっぱいいた時代なのに……。主人公に感情移入し、彼の価値観・行動に疑問を持たないってのが大方の映画ファン。主人公さえ幸福ならば、ワキの連中なんか、どうなったっていい、がファンの正しい態度なのかも。

そこいくとオレときたら……姫君と駆落ちした若侍が、追手である同輩を何十人も斬殺す…てな話を見ると「追手の侍たちにも恋人が女房がいるだろうに」と、深く落ち込んでしまうのです。映画ファン失格だな。

(ながい・けいじろう)

デジタル過渡期の映画上映㉗
資本論のブルース
長谷川康志

今回は20年9月中旬から21年1月中旬（映連の20年日本映画産業統計発表前）までを中心にまとめておく。

まずシネコンの座席販売・飲食の変遷について。ＴＯＨＯシネマズの場合、昨年11月30日までは、土日は全席販売＝ドリンクのみ可、平日は前後左右1席ずつ空けて販売＝ドリンク・フード可という状況だった。全興連は11月25日に映画館のガイドラインを再改定。施行した12月1日からは全席販売＝ドリンク・フード可に変更されたが《上映前の食事はお控えください》の但し書きが付いた。また食事時間短縮の目的でポップコーンのLサイズの販売を中止。マスクを外しての会話を避けるためとはいえ、上映中でSサイズならいいの？と訊きたくなるナンセンスな措置だが、飲食の売上げに依存するシネコン経営の苦肉の策にも見える。

21年1月7日、菅首相は緊急事態宣言を首都圏1都3県に発出（期間1月8日～2月7日）。これを受けて対象地域のシネコンは20時までに全上映を終える時短営業になる。開始日はまちまちで、ＴＯＨＯシネマズは1月9日から、松竹と佐々木興業は11日から、ユナイテッド、イオンシネマ、東急レク、ティ・ジョイは12日から実施。これに伴ってアルコール類販売は11時～19時までに。1月13日には2府5県が宣言に追加（期間1月14日～2月7日）され、時短営業の対象が拡大した。

このコロナ対策下にあって『劇場版「鬼滅の刃」無限列車編』（20年10月16日公開）が公開73日間で動員約2405万人、興収約324億8千万円を記録し、邦画の歴代興収1位を塗り替えたことは特筆に値する。2度目の緊急事態宣言発出後も、1月16日＆17日の週末だけで興収約2億円をあげて、累計361億円を超えた。

また、若干前後するが、池袋・グランドシネマサンシャインではＩＭＡＸ版『ＴＥＮＥＴ』のオープニング興行成績（9月18日～21日）が全世界1位を記録。監督から謝状が届く好事もあった（実物は12階ロビーに展示）。

コロナ禍の追い風で、昨年末にはネットフリックスの有料会員数が世界で2億人を突破。一方、ワーナーメディアは21年公開のワーナー作品を劇場と同時にＨＢＯＭａｘで配信すると決定した（12月3日発表）。これは昨夏ユニバーサルがＡＭＣ等と交わした、劇場上映17日間で配信を可能にする契約以上のインパクトだった。映画館を開けていられる日本は、相当穏やかな感染状況にあるといえるだろう。

†

2度目の緊急事態宣言に際して、ミニシアターはほぼ20時閉館に応じたが、名画座の対応は様々だった。神保町シアターは1月5日から券売を48席分とし、6日には翌7日から平日最終回を中止すると発表。シネマヴェーラ渋谷も6日、9日から最終回を中止するとした。一方、ラピュタ阿佐ヶ谷はレイトまで変更なく営業。新文芸坐は土曜夜のオールナイトも続行した。

国立映画アーカイブ（ＮＦＡＪ）の紆余曲折も記しておく。７月７日に前売指定席制で再開した同館は、10月２日〜22日「映画俳優 三船敏郎」まで定員１１１席（間隔２席）としていたが、11月10日〜15日「サイレントシネマ・デイズ２０２０」から隔席（１５０席・ピアノ設置あり）に変更。11月17日〜12月11日「映画女優 原節子」は１５６席で、この企画までは発熱等で来館を止めた観客への払い戻し（会期後）があった。

12月12日〜27日「映画女優 山口淑子」から定員１００％の３１０席。払い戻しはなくなる。だが、観客から客席が密になるとの指摘を受け、13日から開映時間になると係員がアナウンスを行い、指定席でありながら空席への移動が可能になった。21年１月５日〜31日「中国映画の展開」も、前企画と同じく、上映前に席の移動の時間が設けられた。また、払い戻しは行わないとしていたが、１月５日に払い戻しの実施を告知。１月12日から収容率50％の１５５席に（１月８日発表）。１月12日、《緊急事態宣言の基本的対処方針に基づき》14日以降の平日夜の上映中止（18時30分閉館）が発表される。中止の回は２月９日〜14日に振替上映。なお、１月19日より図書室が事前予約制になり、火・木・土のみ開室となった。

†

次に学会・協会等の活動について。デジタルアーカイブ学会は20年４月開催予定の第４回研究大会を実質延期。10月17＆18日に第５回研究大会をZoomウェビナーで開催した。

５月１日には一般社団法人日本映像アーキビスト協会（ＪＡＭＩＡ／とちぎあきら会長）が設立された。

全国コミュニティシネマ会議２０２０は「コロナ禍とミニシアター（上映者）」をテーマに12月16日、会場（ユーロライブ／１０００円）とオンライン（無料）で開催。06年より関西を中心に続けられてきた「映画の復元と保存に関するワークショップ」は、21年１月23日にウェビナーでの開催となった。

続けて、19年10月の台風19号で地下収蔵庫が水没した川崎市市民ミュージアムのその後について。20年６月末、収蔵庫からの全搬出が完了。収蔵品26万点中約23万点が被害を受けていた。ハザードマップで浸水が想定されていながら市や指定管理者らが対策を講じてこなかったとの指摘があり、９月２日付で市民団体が市を提訴し、市長らに20億円の賠償請求を求める動きもあった。12月24日、同館が企画・制作した動画「被災収蔵品レスキューの映像記録」がネット公開。状況はよく伝わってくるが、まるで気候変動の被害者かのようにナレーションが入り、この事例が《文化財の保全と防災のための学び、考える機会となれば幸い》と他人事だ。神奈川新聞（１月22日）によると、12月25日時点で修復済み約

540点、修復中2千点、応急処置済み約5万点。21年1月22日には市が4万2千点の廃棄処分を発表。廃棄は今後さらに増える見込み。

　この章最後に「日本学術会議への人事介入に対する抗議声明」に触れておく。昨年10月5日、是枝裕和早稲田大学基幹理工学部表現工学科教授ら「映画人」22名が連名で発表したもので、菅首相の任命拒否を《学問の自由への侵害のみに止ま》らない《表現の自由への侵害であり、言論の自由への明確な挑戦》と理解不能な主張を展開。このうち森達也明治大学特任教授は「ニューズウィーク日本版」10月20日号に寄稿。赤狩りを引き合いに声を上げた理由を述べた。

†

　ここからは映画祭について時系列順にまとめてゆこう。

　20年9月12日～26日「第42回ぴあフィルムフェスティバル」はNFAJにてリアル開催。PFFアワード入選作品17本の配信（9月12日～10月31日）と、チケットが完売した招待作品の24時間限定配信も行われた。

　9月26日～10月4日「イメージフォーラム・フェスティバル２０２０」もスパイラルホール等でリアル開催。会場のひとつシアター・イメージフォーラムは6月1日に50％の座席数で再開したが、《政府の映画館における座席数制限撤廃の方針を受けて》9月19日分より全席販売を再開。そのため9月10日から隔席で販売していたフェスの前売についても、残りの50％分を18日19時から追加販売した。ペーター・チェルカスキー7作品は35又は16ミリ上映。フィルム映像作家集団SpiceFilms（近作12本）と村上賢司『後ろに振り向け！』（作者が映写等を実演）の番組では8ミリ上映。上映パフォーマンスが予定されていたエスペランサ・コヤードとヘルガ・ファンデールは来日できず、作品差し替えやオンライン参加となった。

　10月31日～11月9日「第31回東京国際映画祭」はTOHOシネマズ六本木にて全席販売のリアル開催。来日できない海外ゲストはウェビナーでトークサロンを実施（開催前日9時までの申込み制）。現在もHPでアーカイブを視聴できる。上映では『愛しい存在』『二月』『デリート・ヒストリー』など16ミリ撮影の作品があった。また「２０２０東京・中国映画週間」等の共催／提携企画も予定通り実施。

　10月30日～11月7日「第21回東京フィルメックス」は東京国際と《カンヌ監督週間のような連携》をとって同時期に開催。シャンテ1、ヒューマントラストシネマ有楽町、エスパスイマージュは全席、有楽町朝日ホールは隔席の販売と変則。特別企画『繻子の靴』は仏から借用した35ミリ。11月22日～12月6日に12作品の配信も。

　11月14日～19日「フィンランド映画祭」はユーロスペースにて過去の上映作から6本をアンコールした。

　GW恒例だった「イタリア映画祭２０２０」は《オンラインをメインにリアルとのハイブリッド形式で》開催。

11月13&14日にはイタリア文化会館アニェッリホールで新作3本を無料招待上映（事前申込制・各回100名の隔席）。11月20日〜12月20日にはオンラインで長編26本（うち過去上映作23本）と短編3本を配信した。

11月19日〜12月13日「ラテンビート映画祭2020」はオンラインで開催。19日は『Forgotten We'll Be』を新宿バルト9で1回だけ上映。翌20日から5本、26日から更に4本（うち短編1本）を配信。

11月20日〜26日「ポーランド映画祭2020」は『デカローグ』HDリマスター版などの旧作をメインに東京都写真美術館ホールでリアル開催。

12月10日〜13日「フランス映画祭2020横浜」はイオンシネマみなとみらいでリアル開催。新作10本を上映。当初の6月から延期された。

21年2月5日〜21日「第13回恵比寿映像祭」は東京都写真美術館ほかで開催。展示エリアはウェブからの事前予約制になった（1月22日発表）。

2月恒例「トーキョー・ノーザンライツ・フェスティバル」はコロナ禍で《十分な準備ができない》と中止に。

また、2月11日〜3月11日の演劇祭「シアターコモンズ21」（港区内）が蔡明亮の初VR『家在蘭若寺』（17年）を上映。国内の映画祭はVRの紹介に消極的であり、近年は美術・演劇分野での活用が目立っている。ちなみに、有楽町・プラネタリア東京は20年2月29日〜6月7日まで臨時休館したが、再開後もVRアトラクションは感染対策のため休止中である。

最後に「ゆうばり国際ファンタスティック映画祭」について記そう。冬季開催は19年3月で最後となり、同月31日にJR夕張支線が廃線。20年はコロナ禍もあって9月18日〜22日にHuluでのオンライン開催に。今年は9月16日〜20日に《夕張市内リアル上映&オンライン配信》での開催が予告されている。ところが90年の第1回から会場や宿泊のメインになっていたホテル・シューパロなど4施設が危機的状況にある。「財界さっぽろ」21年2月号が報じたように、17年3月末、指定管理期限切れに伴って夕張市は4施設の入札を行い、転売禁止条項等を設けず中国系の元大リアルエステート（呉之平社長・資本金100万円・本社東京）に約2億4千万円で売却。当時の夕張市長が現北海道知事・鈴木直道氏だ。元大は100億円規模の地元投資を謳ったが無論果たさず、19年3月末、4施設と運営会社夕張リゾートを香港系ファンド・グレートトレンドに15億円で転売。12月24日、夕張リゾート（ライ・ユン・ナン社長）は4施設の営業を停止。負債約5億円で破産申し立てを行うと発表した。スキー場を含む4施設は中国側に渡ったままで、映画祭への影響も懸念される。夕張は氷山の一角に過ぎず、中国の土地買収は既に全道さらに内地にまで及んでいる。「日本自治区」にされるのだけは御免蒙りたい。

（はせがわ・こうし）

浅香光代追悼

実録・ストリップ剣劇

永田哲朗

「女剣劇」と言われてすぐ分るのは、かなり年配の人ではないだろうか。確かに昭和の三十年代までは大衆芸能の一つとして存在したが、いまはほとんど聞くことがない。チャンバラそのものが映画でもあまり見られなくなったのだから、その変則版というべき「女剣劇」が消えるのも当然だろう。

そもそも女剣劇というのは、大正末期の女歌舞伎の流れから来たものと、時代劇女優が転向したものなどがあり、梶原華嬢とか中村歌扇、木下千代子らが草分けとして伝えられている。

そして昭和7年（1932）に日活で大河内伝次郎の相手役で鳴らした伏見直江が『女国定』で〝実演〟をやった。また市川右太衛門の相手役だった大江美智子が一座を組んで舞台に立ち女剣士を演じ、もともと宝塚出身なので舞台映えし、たちまち人気沸騰した。昭和9年（1934）同じく右太プロの和歌浦浪子が不二洋子と名を変え「女剣劇」を名乗って売り出した。この両横綱が二人とも右太プロなのが面白い。

両横綱の後、中野弘子、伏見澄子、富士嶺子、中条喜代子らが続々と現れて妍・剣を競ったわけだ。戦時中、映画の統制で製作本数が激減し、人気はあっても出る幕が無くなった映画スターたちも〝実演〟と称して各地を巡演した。

戦後も映画の製作本数が少ない間は〝実演〟の天下が

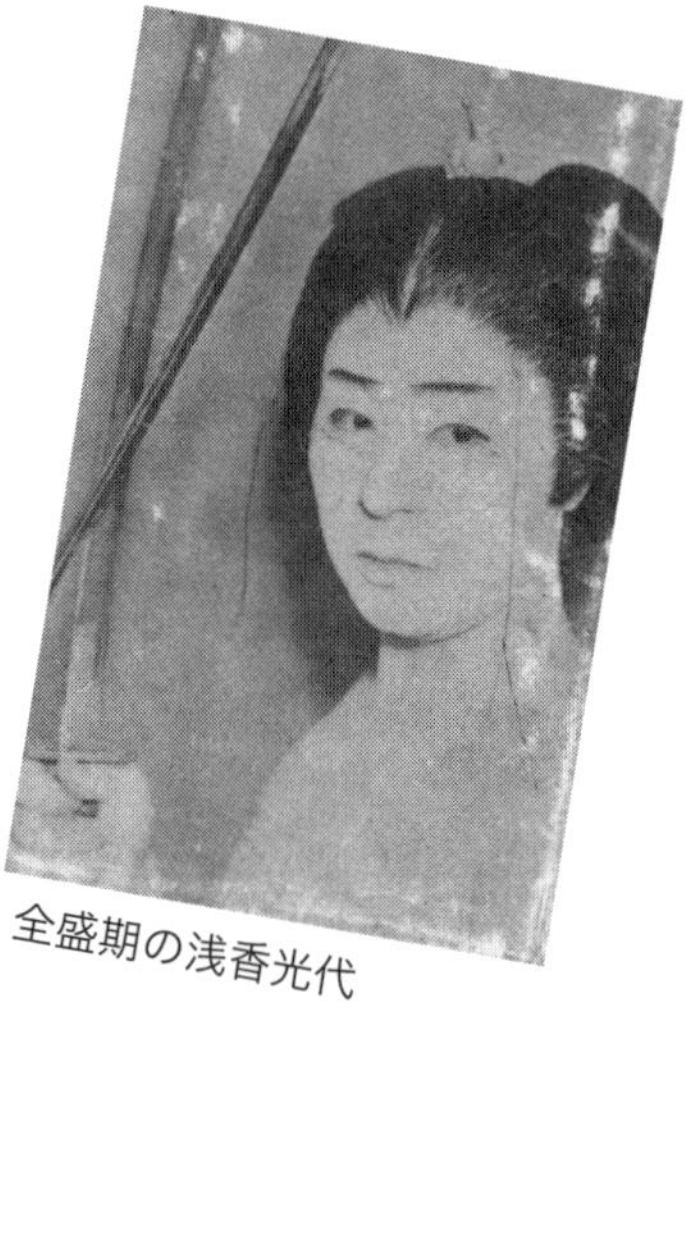

全盛期の浅香光代

続き、浅草だけで三座、四座も女剣劇一座が現れる。大江美智子の二代目、不二、富士、中野、伏見、中条らに伍して現れたのが浅香光代だ。昭和6年（1931）生まれ。7歳で芸者屋に養女に出され、9歳の時に浅香新八郎の新生国民座に入門し、子役として出演。一刀流居合術を会得し、14歳で師匠・浅香の跡目を継いだ。そしてそのイキのいい脱ぎっぷりで人気を博した。〃ストリップ剣劇〃といわれるほどの脱ぎっぷりのよさだった。

浅香の登場は昭和25年（1950）の浅草演芸場。全盛のストリップと勝負するには脱ぐしかないと考えた。そこで「やっちまえ」とばかり『毒婦高橋お伝』の幕切れに、胸のさらしをハラリと落としたところ、客がワーッと沸いた。スソを乱し、赤い蹴出しをチラチラさせての乱闘シーンで、客はオ、オオッと身を乗り出す。うすもの一枚が汗ばんで体の線や乳が透けて見える。

「御用、御用ッ」と捕縄が飛んできて手や足に絡みつき引き倒された恰好で舞台に大の字になり、グルグルと引き回される。ムッチリとした太腿が露わになって、奥の院まで覗けそう。まさに熱演である。

「イヨーッ！　浅香ァ」

「日本一！　大統領！」

などと声がかかる。客がグイグイ乗り出すので「押すな！」「押すなァ！」の大騒ぎ。

浅香の自伝『女剣劇』（学風書院・昭33刊）を読むと、最初はキャルマタをはいていたそうだ。太腿が見えた、との記憶は違うことになるが、ウケて評判になると、彼女も開き直って〃ストリップ剣劇〃をやりだしたのだという。

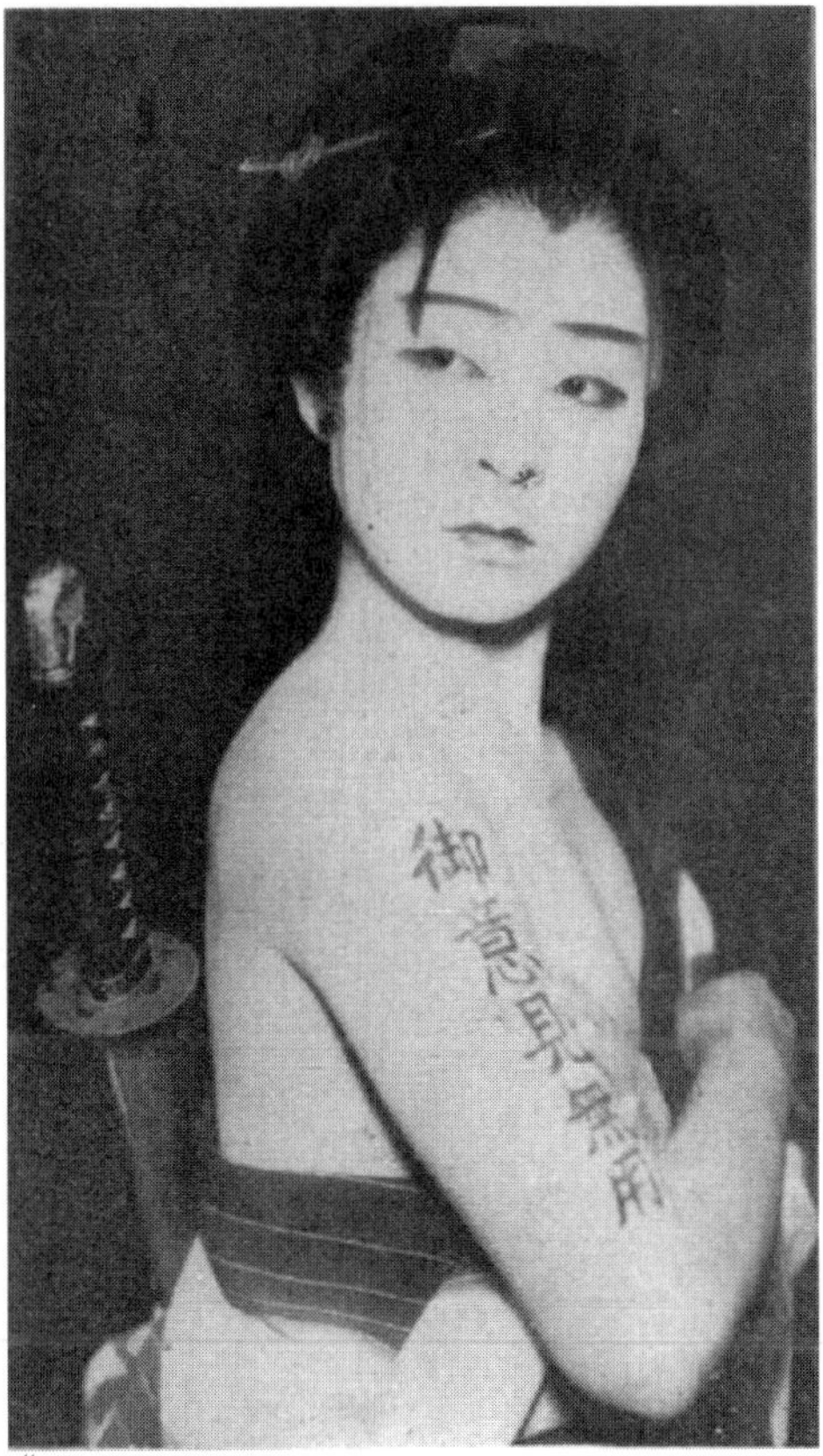

〃「からくりお芳」

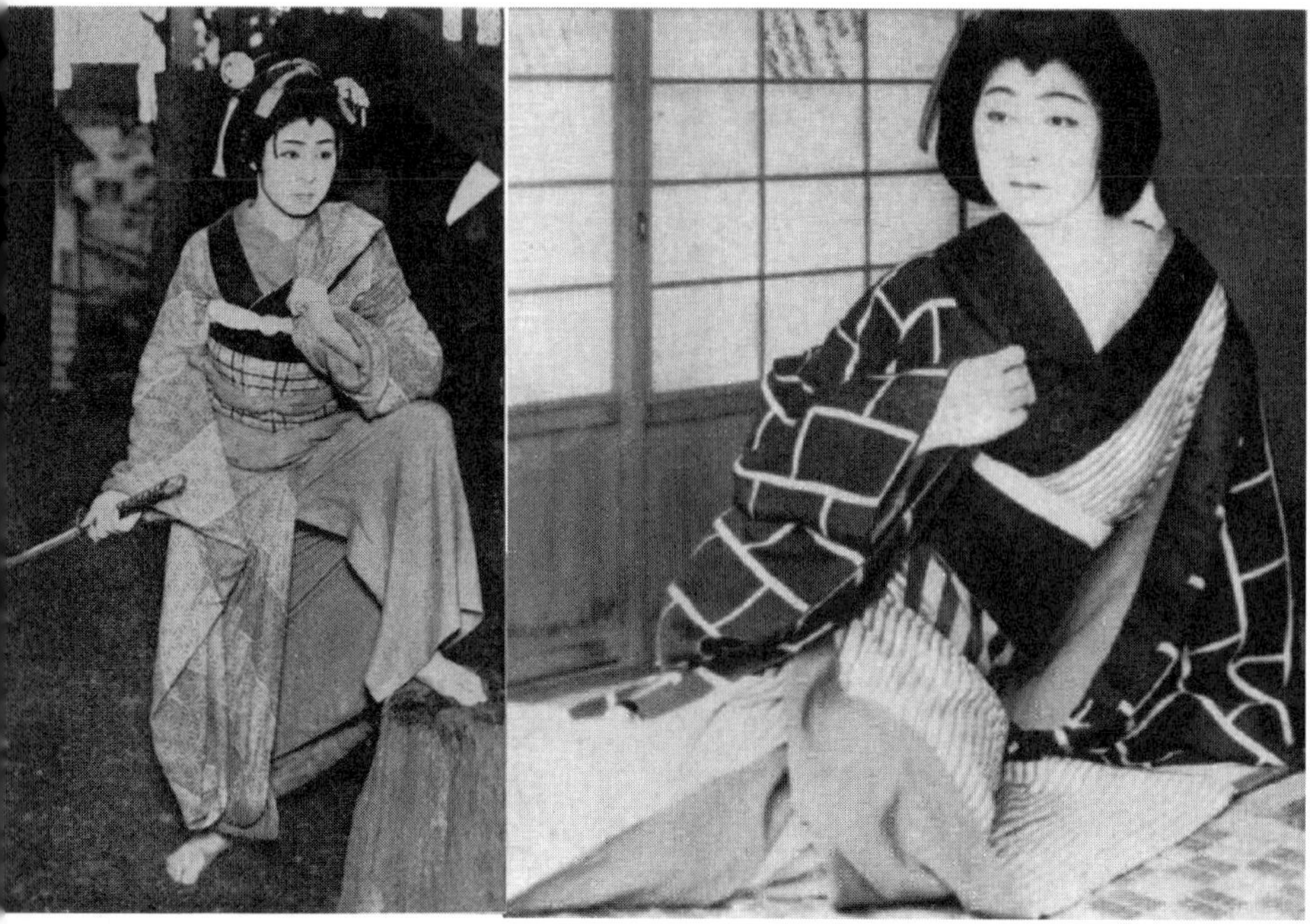
（左）「吉三ざんげ」（右）「切られお富」

客が「もっと、まくれ！」と覗きこんで野次を飛ばしたら、「うるせえ！　助平野郎め。そんなにあたいの肌が見たいんなら、楽屋風呂へ来て三助でもするがいいや」と啖呵を切ったんで、これがまた評判になった。

この浅香の活躍で、ストリップに逐われてしまった女剣劇が昭和26年から27年にかけて、浅草六区で再び活気を取り戻した。エロだ、邪道だと、正統派？　からは白い眼で見られても、大衆からの人気がモノをいう。浅香のほかにも大東あけみとか、二代目筑波澄子などが現れた。地方では大江美智子ならぬ大井美智子や、浅香光代じゃない朝香光代なんてニセモノがあちこちで活躍する騒ぎだった。それらはほとんどがストリップ剣劇だ。

　27年（1952）6月、浅香にパトロンが出来、妊娠したのを機に一座を解散。派手な浅香が消えたせいか、筑波、富士らも去ってストリップ剣劇が消え、大江、不二、中野、神田千恵子ら正統派女剣劇が盛り返した。

しかし一度味をしめたというか、大衆の要望もあってストリップ剣劇は消えない。若手の大東あけみ、ストリッパーのモーリン小原改め京町ひとみ、もと吉本ショーの高野カズイ改め辰巳洋子や女剣劇・前沢稲子一座の前沢けい子が小松竜子と改名、裸とチャンバラで売り出す。

全部が全部エロを売り物にしたワケではないが、当然意識して舞台を構成する。ストリップのように踊りながら着ているものを一枚ずつ脱ぐのとは違い、乱闘、チャンバラの間にチラチラさせるのだから躍動感がある。着物の裾が乱れ、紅い蹴出しの陰に白いふくらはぎを晒し、セットの屋根に登り上がる。観客が仰いで見ると、あわや秘密のデルタ地帯、黒い部分が見えるほど。ゴクッと固唾を飲んだ瞬間、太腿あらわにパーッと飛び降り、また斬りまくるといった調子。ただハダカを見せて踊るだけのストリップとは違い、ハダカ＋チャンバラの女剣劇は鮮烈に映ったのだ。すなわち〝ストリップ剣劇〟である。

女剣劇「大江美智子一座」パンフレット。表紙絵は今村恒美

浅草を席巻した女剣劇。その象徴は、やはり浅香光代だろう。29年（１９５４）末には浅香がカムバック。女剣劇座長大会とか、不二vs浅香といった対決も人気を呼んだ。しかし昭和30年代後半になると、花月、公園劇場が閉じる。それでも常盤座は最後まで、不二、浅香、中野、神田千恵子らの女剣劇をかけていた。明智十三郎、中村竜三郎ら映画スターも加えて頑張ったが……浅草興業街の衰退と共に消えた。そんななか浅香は、松竹演芸場で二年半休みなしで（五年間との説も）『弁天小僧』だ『高橋お伝』だ『切られお富』だと頑張ったのだから、エラいものだ。

浅香ビルも浅草に持ったし、舞踊・浅香流家元、ホテル経営と、彼女は並の芸能人には及びもつかない成功者といっていい。

それにしても女剣劇という日本だけの芸能が、いま全く見られなくなったのは残念な気がする。

（ながた・てつろう）

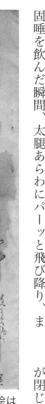

脚本家・桂千穂追悼

銀幕を奇抜が駆け抜けた！

北里宇一郎

いくらチャイムを押しても出てこなかった。電話をかけても不通だった。桂さんのお話を伺いに、映画仲間と自宅に押し掛けたのだが、なんの返答もない。桂さんはひとり暮らしだ。不安になった。名前を呼びながらぐるぐると家の周りを歩いた。なんの物音もしない。倒れて意識がないのではないか。ひょっとしたら、もう……。イヤな予感が頭を巡る。心臓がどきどきする。桂さん、桂さんと声を挙げて歩いた。猫の鳴き声がした。ちっちっちっ、舌を鳴らして呼んでみる。「おい、どうなってるんだ？」と声をかける。ひょっとしたら、猫が何か教えてくれるのでは？　後から考えるとバカなことをと思ったのだが、その時は気が動転していた。みゃおみゃおと猫は鳴いた。その時、「あ、こら！」という桂さんの声が聴こえた。「だめだ、おしっこしちゃ！」。猫は桂さんのからだに放尿したらしい。台所の扉の小さな窓から覗くと、床に倒れた桂さんの姿が見えた。「大丈夫ですか！」、声をかけた。「動けないんだよ」とかすかに返答した。中に入らなければと思うが、家中、鍵がかかっている。どうしょうかとみんなで相談する。警備会社と契約していたのを思い出す。早速、アコムに連絡する。数十分後に到着。

家の中に入ると、桂さんはキッチンの隣の部屋にいた。眠っている最中にベッドから転げ落ちて、そのまま動けない状態だった。痛みで顔をしかめていたが、こちらを見ると、「やあ、よく来ましたね」と笑みをうかべた。そんな場合じゃないでしょうに！　救急隊員がやってきて、桂さんは近くの病院に運ばれた。私が代表して付き添うことになった。診断は腰骨の骨折だった。このまま動けなくなるんじゃないかと、また不安になった。よっぽど動転していたのか、病院の受付の人から住所を聞かれて、自分の住所を答え、こいつは頼りにならねえとあきれられた。桂さんは応急手当をされ、入院。手術に備えることとなった。２０１８年の五月のことだった。

その一年前には毎週、桂さんのお宅に伺っていた。その頃、メディアックスという出版社から発行された「カルトムービー」シリーズがけっこう売れていた。「本当に『面白い』のは〝ベスト・テン〟映画以外だ！」をキャッチフレーズに、隠れた名作・佳作を紹介する本だ。日本映画篇、外国映画篇、ホラー、ＳＦ、怪奇＆ミステリー、時代劇と続々と出版され、そのすべての作品のセレクトとコメントを桂さんが担当されていた。その流れで「エンタムービー　ラスト3分にシビレた映画」が企画され、私が助っ人として呼ばれたのだ。桂邸の応接室に編集長と助手さん、それに私が集まり、キネマ旬報決算号の１９４５年から現在までの作品一覧表を見ながら、題名を読み上げる。ラストシーンであっと驚いたり、感心した映画に当たると「あ、それ！」と桂さんと私が声を挙げる。そこから本に掲載される作品がセレクトされる。面倒だったけど、すごく楽しいひと時だった。脱線して、映画の四方山話で盛り上がったこともあった。作業が終わって、いざ帰る段になると、「あなたはもう少しいいじゃないですか」と桂さんが私を引き留める。それでしばらく残って雑談する。夕食の時間になると、桂さんはコンビニに行く。弁当を買う。そこでいつも別れていた。なんだかそれがいつも気になっていた。本の仕事が終わっても、何回か桂さんのお宅にお邪魔した。せめてもう少しましなものをとデパ地下で少々高めの弁当を持参した。少し薄暗くなった部屋で二人で弁当をもそもそ食べる。「あ〜うまかった」と桂さんは微笑んだ。「一人だとご飯もおいしくないし、僕、すぐ寝ちゃうから夜中に目が覚めてタイヘンなんです。今日は起きてたからぐっすり眠れそうだ。だけどなんであなたは僕にそんなに親切にしてくれるんですか?」。それは、まあ楽しいですからと笑う。そう答えた後に思った。でも、なんで楽しいんだ……?

1977年。東映は実録路線が大味の大作『日本の首領』になり、菅原文太は『トラック野郎』シリーズで喜劇に走っていた。東宝は百恵＝友和のリメイク青春映画、松竹は『男はつらいよ』シリーズ以外はあまり観るものがなくて。ひたすら日活ロマンポルノを追いかけるしかなく、日本映画に対しては欲求不満気味だった。

だから『暴行切り裂きジャック』に出会ったときは興奮した。ケーキ職人とその彼女が、次々と女を襲ってはナイフで切り裂いていく猟奇クライム映画だった。だが、クールでドライで、映画のタッチがカッコよかった。それは監督の長谷部安春の持ち味。ロマンポルノ体制になって低迷していた監督の才気が、前作の『犯す！』に引き続き、ここで発揮されていた。翌年の『レイプ25時　暴姦』『㊙ハネムーン　暴行列車』と監督のアメリカ映画的ハードボイルド描写は健在。ここで「あらっ！」と気づいた。この三本、同じ脚本家が書いてる。しかも大林宣彦監督のあの『HOUSE　ハウス』も。いったいどんな人なんだろうと興味はつのる。当時、こちらは「シネマ・エッセイ」という映画同人誌に携わっていた。いわゆるミニ・コミというやつ。そこで監督や俳優にインタビューして、思い入れたっぷりの感想文を書いていた。桂千穂にぜひ会いたい！

かくして1978年の春、荻窪の喫茶店で桂さんと初めて会う。当時、四〇代後半。すごく若々しくて三〇代に見えた。僕らみたいな若僧にもていねいな言葉遣いで、腰が低かった。しかししゃべり始めると、立て板に水。キレのいい口調で日本映画のダメなところを容赦なく斬りまくった。「マジメでジメジメしてて最後に絶叫するような映画、そんなのばっかり」「人間人間と、人間を描くことにこだわってるから、吹っ切れた映画ができないんです」「映画は技術です。どんなに深淵な哲学とか、文学的素養とか、進歩的思想を持っていてもですね、その思想とか教養を、通俗平易に、しかも豪華絢爛にお客さんに伝える技術がなければ映画人とは言えません」「だから僕は市川崑さんとか石井輝男さん、増村保造さん、もちろん長谷部安春さんみたいな監督が好きなんです」

こちらはただただ拝聴するばかりだった。圧倒された。その発言は小気味よかった。何より好みの映画、好きな監督がぴったり同じなのが嬉しかった。この人とはなんだか肌が合うと思った。それがはじまりだった。

それから桂千穂の映画を追いかけた。監督ではなく脚本家で映画を観るのは初めてだった。作品によってバラつきがあった。オカルトとか猟奇とか自分の嗜好に合ったものは腕を発揮していた。タロットカードに導かれて有閑マダムが異常な世界に迷い込む『色情妻　色の誘惑』とか、登場人物全員がSMに耽溺し死に導かれるという『黒薔薇夫人』とか。職人的手腕で、団地妻、海女もの、宇能鴻一郎ものといった、いわゆるロマン・ポルノのお約束映画も手がけていたけど、そちらはあまり面白味がなかった。

1982年あたりから内藤誠氏との共作がはじまり、東映や角川映画の作品も手がけていたが、どこかベルトコンベアで仕事をしてるみたいだった。順調に作業は捗っていたのだろうが、その作品は味気なかった。内藤監督との自主製作作品『俗物図鑑』も志は良しとしても、頭にからだがついてきてないような映画だった。84年の正月映画は東映『唐獅子株式会社』、日活『女猫』、アミューズ『アイコ十六歳』、ATG『廃市』と四本もの桂=内藤脚本が揃い踏み。超売れっ子状態。この時も桂さんとお会いしたのだが、同時期に東宝『姉妹坂』というのがあって、この脚本家名が〝桂木薫〟。これも桂さんじゃないですかと尋ねると、それは高田宏治さんですよと苦笑した。桂さんは「半年は遊んで暮らせますね」と悠々自適。ただ「これだけやると、頭が働かなくなりますね」とちらりとため息もついた。だけど、正月映画ほぼ独占状態は凄い！　と称えつつ、少しは休んで、また『暴行切り裂きジャック』みたいなシャープなホンを書いてくださいよと（失礼にも）お願いした。

やっぱり桂千穂の本領はヘンタイ映画だと思った。妊娠を知った人妻が家を飛び出し車でさすらう『昼下がりの女　挑発！』。お話のベースはF・フォード・コッポラの『雨のなかの女』だが、桂版は出てくる男がヘンタイばかり。スキあれば人妻に襲いかかろうとする。いやもう、そのすさまじさは嫌悪を通り越してカイカンになるくらい。中途でもう一人若い女性が登場して、こちらも子どもを身ごもっている。堕胎を望むその女の大きなお腹に向かって、男が砂袋を落とす。いやはやここまでやるかと眼をそむけたくなった。『ズームアップ　暴行現場』の冒頭では深夜、通り魔が若い女性を襲撃。その股間に電球を入れて、足で踏みつぶす。

もちろん直接描写はないけど、よくもまあこんなことを考えつくもんだと身をよじりつつ感心した。『ズームイン暴行団地』に至っては、ラスト、通り魔が妊婦のからだにガソリンをまき散らし火だるまにする。桂さんは、あそこは監督がエスカレートしてやったのだと弁明するけど、脚本をチェックしたらちゃんと書いてありました。

しかしどうしてこうも女性を虐待するのだろう。この女性嫌悪はどこからきたのだろう。

あれは「シネマ・エッセイ」の会の打ち上げの時か。桂さんを囲んで飲み会は盛り上がって、はや終電の時。新宿駅に駆け込んで、別れようとした時、桂さんが誘った。「もう少しお話しませんか。僕の家だったら遠慮はいらないから、いらっしゃい」。それもいいなと付いて行こうとすると、女性会員が止めた。あれっ、なんで？　と帰りの電車の中で聞くと、「ばか、何されるかわからないよ」。こちらは目をしばたかせる。「だって、さっき隣の席に女の子の集団がいたじゃない、ぺちゃぺちゃうるさかった。あの女の子たちを見る桂さんの眼付き、コワかったわよお。あれは女性に対する憎悪の眼ね。女には興味がない人なのよ。だから」。そうかあ、そう見るかあと思ったけど、確かに気にはなる。

「多重映画脚本家　桂千穂」のインタビューを終えた時、勇気をふりしぼって聞いてみた。「これはオフレコにしますが、桂さんには、あのお、ホモセクシャルの噂があります。実際のところ、どうなんでしょう？」。桂さんはこちらを見据えて、きっぱり言った。「僕は違います！」。

それから数年後、試写室に入ると前の方の席に桂さんがいた。挨拶しようと席を立ったとき、マッチョな体格の男性が入ってきた。桂さんはその男性が席に着くまで、じ〜っと眼で追い続けた。う〜ん、やっぱりそうなのか。ま、どっちでもいいや。それでも桂さんは桂さんだしと肯いたりして。

桂さんは陸軍将校の息子だった。だからといって軍人教育はされなかったという。自由放任に育てられた。それでも十四歳の時、名古屋にあった陸軍幼年学校に入学する。エリート中のエリートだったのだ。だけど匍匐前進の訓練でイヤになる。学科も国語・歴史といった文系は得意だったが理数系はまったくダメ。コンプレックスの塊となった。自分を幼年学校のミュータントだと思った。ただ倒立と転回だけは得意だった。幻灯機の絵を描いて、それを投射して見せ、仲間内の人気者になった。その中には「日本は負ける」という者もいた。自分もそうだと思っていた。まったく軍人には向いていないと感じていたから、終戦と聞くとニコニコしながら家に帰った。

いやはや、少年時代から桂千穂は桂千穂だったという感じで。ただ、「多重脚本家」のインタビューの際にもう少し戦時中のことをお伺いすればよかったと後悔している。終戦直後、焼け野原となった街を高台から眺めて、シヨックを受けたというエッセイをどこかで読んだ。亡くなる直前、岐阜市が米軍の空襲に遭った頃の夢を見て、パニックになったとも聞く。桂さんの、虚構性の強い、日本の陰湿性とは無縁の脚本は、戦争体験の裏返しの表現ではなかったのか。ホラーにしてもSMにしても、からっと乾いていても、どこかその底に暗い情念みたいなものを感じるのだけど。その根っこのところを知りたかった。

もうひとつは二〇代の頃、肺結核で自宅療養していたこと。それも二〇歳前半と後半の二回。ご本人も相当、屈折したと吐露してる。その頃は父親も亡くなっていて、家の中は母と姉と妹。女性だらけの環境で、仕事もできず、桂さんは闘病生活を送っていた。今でもこの三人には頭が上がらないという。感謝はしてるけど、やっぱりずっと一緒にいると、(向こうもそうだったろうけど)いらいらが募ったという。それが女性憎悪につながってるかもしれない、ぽつんと洩らしたこともあって。

角川で映画化した横溝正史の『蔵の中』の脚本は傑作だと思った。土蔵という密室、胸を病んだ少女(とびきりの美少女!)が家族から隔離され閉じ込められている。弟が忍び込み、姉を慰め、戯れる。窓には望遠鏡。姉弟がのぞくと、そこには男と女の愛欲、そして殺人の世界が繰り広げられる。姉弟はそれを誰にも告げない。それはふたりだけのひそかな愉しみだった。桂さんお得意の美文調で書かれたその脚本には、ぞくぞくするほどの官能性があった。あの闘病生活の屈折が、この作品に生かされ、実を結んでると。だけど出来上がった映画を観て驚いた。美少女をニューハーフの青年が演じていたのだ。奇抜な発想だが、演技が固く、エロティシズムも官能性もなかった。監督の計算違いだと思った。しかし桂千穂の優れた脚本の一本であることは間違いないだろう。

桂さんの脚本の中にはもう少し評価されてもいいのでは、というものが他にもある。『ふたり』はその一本だと思う。

赤川次郎原作を読んでから脚本を読むと、ひじょうに映画的に工夫しているのが分かる。小説では、姉妹が登校するところからはじまり、姉が交通事故死する。脚本では、妹の生活が淡々と積み重ねられる。母は、どういうわけだかフヌケ状態になっている。ある夜、帰宅が遅くなった妹が通り魔に遭う。突然、姉が登場して妹を救う。それから妹は、学校から帰ると姉にその日あったことを語る。しかし、どういうわけだか姉と家族が顔を合わせることはない。音楽会の夜、姉の恋人だった男から、彼女がとっくの昔、交通事故で亡くなっていたことが語られる。

姉の死をぼかしたことで、映画にサスペンス的雰囲気が醸し出される。真相が分かったとき、軽い驚きがある。桂さんお得意のストーリーテリングの旨味が発揮されて。

そこから妹は、姉の恋人に惹かれるようになる。幽霊の姉は嫉妬する。もう、どんどん引き込まれていく。妹はやがて、母という大人の女の気持ちや悲しみが理解できるようになる。少女卒業だ。その時、少女のままで死んでいった姉は、妹の成長を祝福して鏡の中に消えてゆく。切ない幕切れだ。

これを100分ほどの分量に詰めこんだ桂千穂脚本は見事だった。しかし大林宣彦演出は、2時間半の長尺に仕上げていた。例によってあの手この手の大林映画ショーが繰り広げられ、もちろんお得意の少女の感傷や抒情的場面に腕をふるって、見ごたえのある作品に仕上げていた。大林監督の新尾道三部作のはじまりの1本として世評もすこぶるよかった。だが、その陰の功績者の桂さんはほとんど見向きもされなかった。

「双葉十三郎さんがだけがキネ旬の脚本賞に僕の名前を挙げてくださった。それだけで光栄です」と桂さんは微笑んでいたけど……。

大林監督とは、この後の『あした』でも組んだ。桂さんは大量の登場人物を交通整理のごとくうまく捌いていた。しかし演出は思い入れが強すぎて、ちと渋滞気味の展開になっていた。

『HOUSE　ハウス』は、大林監督が初めて世間に注目された作品だった。その脚本を書いた桂さんの功績は大きかった。そこからの縁が『ふたり』『あした』となって、桂さんの遺作となった『花筐』につながる。これは『HOUSE　ハウス』の頃と前後して執筆した脚本だった。そしてそれは桂さんの記念すべき八十本目の映画作品だった。しかしここには脚本の痕跡は見当たらない。良くも悪くも大林宣彦ワンマン映画で、脚本はそのための道具に使われてると思った。またしても桂さんの存在は薄かった。

後年、『宴のあと』も手がけた。三島由紀夫原作の政界を舞台にした恋愛小説。監督は熊井啓。初老の政治家と料亭の女将の秘めた恋愛模様を、桂千穂脚本は大人のドラマとしてガッチリと描写していた。そこには全盛期の日本映画の味わいがあって。女将の、料亭におけるプロフェッショナルな手腕と、恋愛に関してはなにものにも囚われないふるまいに、桂さんの師匠の白坂依志夫描く女性像がうかがえた。それはとりもなおさず増村保造監督の血を受け継いでいるということで。

ああ、これがちゃんと映画化されていれば、桂さんもヘンタイ映画だけの人じゃないと世間に認知されたのになあと、残念でたまらない。

初めて書いたシナリオを桂さんに呼んでもらった。三〇代の頃だった。当時では珍しいホラーだ。「面白いじゃないですか。あなたすぐプロになれますよ」と言われた。有頂天になった。すぐに知り合ったばかりのプロデューサーに持ち込んだ。褒められた。仕事の依頼がきた。書いた。通用しなかった。あまりの脚本のデキの悪さに企画ごと潰れた。そこから悪戦苦闘の脚本家生活がはじまった。書いたものを何本か桂さんに読んでもらった。「ダメですね。あなた、どうしたんですか、最初のヤツは面白かったのに」。その繰り返しだった。そのうちなんとか、脚本の依頼がきて、映画の仕事をするようになった。そのたびに桂さんに感想を伺った。「これ、ちょっと面白かったですね」と言われたこともあったけど、大半は「ダメ」だった。会うたびに、「あんなもの書いちゃダメですよ」としつこく言われて辟易することもあった。桂さんは、けっこう粘着質のタイプだった。最初に書いた私の脚本のアイディアとプロットを、桂さんの小説の「白い少女」に使われたこともあった。ちょっとショックだったけど、それだけあの脚本のデキがよかったんだと自分を慰めた。桂さんからは時々、本の執筆の依頼が来た。「日本カルト映画全集　暴行切り裂きジャック」は編集と執筆を兼ねた。そこから「多重映画脚本家　桂千穂」につながった。月刊シナリオにもたびたび書かせてもらった。以前にふれた「ラスト3分にシビレた映画」もそうだ。そうやって、飛び飛びに桂さんとは顔を合わせていた。

　2018年に戻ろう。

　腰骨を手術した桂さんは無事退院した。杖はついても、車椅子のお世話になることはなかった。リハビリを兼ねて再入院した。何回かお見舞いに伺った。ひとりで家の中にこもっているより、こういうところにいた方がこちらとしては安心だった。栄養を配慮した三度三度の食事がちゃんと出るし、軽い運動もするし、話し相手もいる。行けば、必ず映画の話になった。映画界から映画人が減って、映画の作り方も変わってきました、桂さんが日活でやってたころは、映画が映画としてちゃんと成立してましたよねえ。当たり前です。あのころは凄いプロフェッショナルの人がたくさんいたんですから。ホンづくりも丁寧でした。今は監督が脚本も書いて、誰も欠点を指摘できない。自分のつまんない思い入ればっかりでねえ――と二人でため息をつき合う。考えてみれば、桂さんと出会ってからずっと、そんなことばかり語り合っていた。あ、そうかと今になって思う。桂さんと一緒にいて楽しいのは、映画に対する共通基盤があって、話題が共有できるからだ。桂さんといたその時、その場所にはいつも映画があったんだ。だから毒舌に耐えても、桂さんと一緒にいたかったんだ。そう、私にとって桂千穂は映画そのものだったんだと。

　桂さんは悠々自適の老後を送っていた。口癖は「好きなことをやって、お金もいっぱい貯まったし、もういつ死んでもいいですよ」。そう言いつつ、いざこちらが帰る段になると、「もう少し、いいじゃないですか」と引き留めた。やっぱり、少し寂しかったんだ。最期は老人ホームで迎えた。面会したくても、コロナでままならなかった。

「新藤さんみたいに一〇〇歳越えするんじゃないですか？」と言うと、嬉しそうに微笑んでいたのに。今度はこちらが桂さんに頼みたくなった。「もう少しいてくれてもいいじゃないですか」。寂しい。

（きたざと・ういちろう）

東映大部屋役者の回想
一寸の虫Ⅲ 「侍と商人」
東撮生え抜きの監督たち

五野上力

東撮生粋派・小西通雄と竹本弘一

両者とも東撮生粋の代表格だ。他社（客演出）絡みの作品は撮っていない。東撮内には「本篇」のほかに「東映テレビ」「東映制作所」「東映ビデオセンター」の三体の製作組織があり、各自が東映マークで企画製作を行っていた。テレビ局自体が作るものはテレビドラマであり、映画会社がテレビ向けに撮る作品はテレビ映画と称した。実際、映画撮影機でフィルムを使っていた理由もある。「警視庁シリーズ　行方不明」等多数の本篇から転身した「先生《しぇんしぇ》」（九州方言）がニックネームの小西通雄も、この制作所のＴＢＳ系列シリーズのテレビ映画『キイハンター』『Ｇメン75～』を撮った。本篇時分からお馴染みの監督だから気心が知れていて、他方からやってくる監督よりは演りやすかった。俺が自分でセミ改造？　したサファリの上着で撮影所に行くと、「リキさんって、そういう恰好、よく似合うよなァ」などと自分もサファリルックの服装をしていて、どこで調達するのかと聞いてきたりもした。「五野上工場〈コーバ〉」なァんて言えやしませんがネ」。これは余談。

五野上力

無類の無欲な善人で、「タタミコミの小西」の異名を取ったその監督の、痛快な一話を一席。タタミコミというだけに畳み掛ける手法のカット数もそれだけ多く時間がかかり、フィルムの消費から心ない顰蹙を買ったりもした。現場での待ち時間も長くなり、俳優たちの中には小西組と聞くと敬遠や拒絶モードになる奴もいた。所詮、比較する話じゃないが、極端に例えて言えばレジェンド渡辺邦男が一時間一寸かそこいらで撮る分量も九時から五時の定時いっぱいはかかったりオーバーする事もあった。

　ところがドッコイ！　或る日の事でございます。制作所幹部連中の、日頃何かと批判する物言いを吹き飛ばすアッ！と仰天する事態が起こったのだ。何と、製作課が出す当日の撮影予定の終了時刻が間違っていた？みたいに正午前にはセットアップしてしまったのだ。つまり、開始時間から僅か二時間余りという事だ。偶々その日出番があった俺はいつもの伝で、ワンシーンだけ〈傍点〉の「終わりました」を演技課に告げに行くと、後から「リキさん、おつかれ」と言いながら小西が入って来て、同様に今日の現場を終了した旨、製作課に告げた。実は、制作所は本篇とは違って、製作課も演技課と同室だったからだ。終わった？　嘘だろ？　聞き返す「おつかれさま」も忘れて、担当の進行主任や制作所幹部の星野、桑原らもまさか？を消せず、小西通雄の片方がやや眇めがかった顔の何喰わない表情を穴が開く程凝視した。先生《しぇんしぇ》の冗談？　イヤしかし、そんな訳はない。プロデューサーの近藤照男が何の用もないのに時折り現場に顔を見せる度に、よく「どうしてですかネ？」と気にかけた小西だ。「そいじゃ、失敬」。小西は黙った儘の連中に軽く〝合点〟し、出て行った。俺はこの時の小西の小柄ではないが大柄でもない細身の背中と触れるでもなく無名俳優の肩を叩いた手と顔と〝鳩豆〟の制作所幹部の顔を、小西が監督を退いて国許へ戻り大学教授になるまで忘れる事はなかった。――小西通雄のさりげないリベンジ？の一場。「小西作品は面白かった」。

☆　☆　☆

本篇で苦労を積み、制作所専任監督としてオーソドックスな中に人間味が光る演出をした竹本弘一。いつも鍔の短い愛用のセミハンチングを被り、穏やかな明るい声の彼は「竹《タケ》ちゃん」と呼ばれ、俳優スタッフたちの誰からも親しみを持たれた「キイハンター」からの監督だ。目立たないが、情感をほ外らさない映画感性の持ち主だった。確か『Gメン75～』の後期、その竹本弘一の或る回に於ける秀逸のラストシーンがこれだ。

S#　雪降りしきる街、事件解決のGメンたちが帰京の途につく。捜査協力の地元署刑事（宮内洋）が見送る。Gメンの車走り去り遠くなる。（大抵はここでエンディングのテーマ曲が入り、Gメン御一統が空港滑走路を肩を並べて歩いて来る。そのアップにクレジット・タイトル、だが）振り募る雪、と、宮内がGメン車を追って駆け出し転倒する。雪に濡れた宮内の顔。その眼元に付いた一片の雪が解けて消える。その顔が尚もGメン車を追う。（O・L）しエンディング。シリーズ中で通常、ラストシーンがこの様なカットの終わり方をする事は先ず無い。俺の心情を捉えたのは、その宮内の顔が明るいのだ。何故？ 寂寥じゃないのか。だが、ここが竹本の感性なのだ。明るさの裏には中央署一流刑事Gメンと共に行動したという一介の地方刑事の人知れない涙がある筈だ——。

監督の真価は、何も著名な売れた名前だけにあるのではない。竹本は表に出ないが、好評を得た宮内洋は、やがて『Gメン75～』の新メンバーとしてレギュラー入りし、丹波哲郎（ボス）の傘下になるのだ。鬼のプロデューサー近藤照男にシャッポを脱ぐのである。（余計な加筆、宮内洋とは後年、東映テレビの或る番組で共演した—乞謝）

昭和33年、東映はテレビにも進出。専用の第15（上）、第16（下）スタジオが増設された

東撮のピンから三人監督〈トリオ〉

助監督時代はモデルガンをくるくる廻し乍ら所内を遊んでいる様に歩いていた佐藤純彌。無名俳優は現場

で助監督の仕事をしている姿を判然と見た覚えがない。なので、『陸軍残虐物語』で監督として現場に現れた時は、何だか意外な感すらした。

伊藤俊也はどの監督に付いていても、傍目には助監督なのか何なのか、その監督に同調する気配など全く見せない顔付きをしていて、知らない者が見たら、この人が監督サン？　と思うんじゃないかという風だった。なので我々無名俳優たちにとってあまり親近感はなく、『女囚さそり』を撮った時も東撮の監督という感がしない。東撮の俳優たちは別段、味方の思いがしなかった気がする。装飾部上がりの演技課長・和田徹などは子飼いの俳優などに期待を持たせる話をしても、その端からケロリと忘れる性格だから本気に聞いたらバカを見るよ、と皮肉ったりしていた。どちらかというと所内一真面目な雰囲気を持っているので、何がどうなのか得体が知れず、俺などもひばりケ丘と新座という近間に住んでいた事もあり電車を待つ駅で出合ったりすると、「リキちゃん、済まないね」とか声を掛けてくれるので何の事かと初めは首をひねったが、どうやら「仕事をあげられなくて」という気遣いだと知った。悪意では無いのは分かっても、何か「イイ子ポーズ」に思えて俺は変えなかった。只、『誘拐報道』で少しは演る気を誘う扱いには素直に感謝する気分になれたのは有難かった。『女囚さそり』の何作目かでは刑事を演った記憶がある。

次に登場いただくのが表題のトリオのトリだ。近藤節也、現場でこの監督との直接の接点は俺には無かったので、これは当事者の仲間からの聞き語りだ。これはその奇っ怪なエピソード。

或る時の現場での出来事だ。突如、近藤は傍のセカンド助監督に命じた。「オイ、君、カメラの後ろに通行人を通してくれ」「え？　カメラの後ろ、ですか？」。セカンドが怪訝そうに躊躇っていると、「そう、真後ろだよ。分からんのか？」とセカンドを押し退けて待機している通行人役に向かって自ら指示した。「行くよ！　ハイ、本番！」。こうして、通行人は「？」と思い惑う暇も無くカメラの後を歩いた。――撮影終了、事も無げな近藤と知らん顔のカメラマンの後から、仕出しの連中とスタッフたちも皆分からない顔付きをしてステージを出て来た、という一件。オマケにこの話にはもう一つオチがある。オールラッシュで啞然、なんと撮った画面が一方に流れっ放しで正面に戻らず、その多さに編集不可。結果、他社の手で撮り直し、出演者も面喰った……。という近藤節也の作品とは、どういうものだったかは観る機会が無かったので何も言えない。只、語った仲間は言った。「色々な場面で色々歩いたが、画面に入らないカメラの真後ろを歩かされるとはナ。バカにしやがってヨ。サスガ東大出だけあるよ」。「弥ァ、也ァ、也ァ」。斯くして表題の「ピンから三人衆《トリオ》」。佐藤純彌、伊藤俊也、近藤節也、の最大の共通点とは？　それは何を隠そう、この三者「天下の東大出身」の監督、という所であります。失礼致しました。「イヤァ、映画って面白いもんですね」。それにしても撮影所ってェ所は、実に色々ござんスねェ。

映画界の「侍と商人」

　世人には、特殊な事象に対して幾ら金を積まれても己れの信念を曲げず不純事に応じない人格と、大金を積まれれば理非度外視の〝何でも行為〟を取る人格がある。前者は往古の「侍気質」、後者は「商人気質」だ。此処で語りたいのは、あくまで「正義」が尺度だ。映画界にしてもそれは存在する。企業（会社）対労働者の或る一端がこれだ。労働者には労働組合の組織があるのは常識だし、何も異な事ではない。だが、異な事が以外にも手易く成立する所でもある。そこには映画通と雖も看過している駆け引き、隠された取り引きがあるのだ。助監督も組合の加入者だから当然組合活動を担うし、労働者としてのメリット・デメリットの条件斗争もやる。こうした中には、本業の助監督より特別な能力を発揮して組合の絶大な力になる幹部級が居る。これは会社にとっては極めて厄介になるのだが、実は此処で面白い？現象が起こるのだ。

　会社は組合の増強する戦斗力を殺ぐ為の「切り崩し作戦」に出る。正に戦国時代の合戦の様に敵将の首を取る計画だ。で、どうするか。助監督の仕事を〝干す〟か。しかし、これは社員の給料があるから無意味だ。だが幹部級がチーフ助監督だったら？　ならば手は一つだ。組合から身を退かせ、監督にしてしまえば良い。これが手っ取り早いワナになる。サァ、此処でこの助監督の人格が問われる場面になる、のでありますなァ。果たして如何に？　前述の「侍」か「商人」か、お立ち合い！（タン！タン！）。助監督は？　呑んだ。「これ程いいチャンスはザラにあるもんじゃない。会社の年次監督昇進選考だって保証なんかない。〝万年助監督〟と称ばれる連中だっていくらも居る。そんな、いつ成れるかもわからない監督昇進を逃がすテはないじゃないか」。斯くして、海のもの山のものとも知れない一人の監督の誕生とはなるのであります（タン！タン！）。イヤァ、めでたし、めでたし、か？

ドッコイ、この後会社が強要するもう一つの条件がございます。その条件とは何か。此処で久し振りに諸兄諸姉に問題。其の一「この件を他言しない」、其の二「監督料の金額に文句は言わない」、其の三「その後の異議の申し立てはしない」のどれでしょう？　正解は「其の三」だ。実はこの「其の三」が助監督にとっては最大のキイポイントであるべきなのにだ。何故なら、その後の監督としての進路の99％はこれで決まる、と言ってもいいくらいだからだ。その当人の本意、不本意などお構い無しのお仕着せの昇進作品の提示がなされるが、正当な実力評価の登用ではないから会社側はあまり責任の無い低企画だ。だが、この条件も助監督は受け入れる。これまでことごとに強力な敵対視を続けて来た姿は影も無い。此処で再び、実質は全く違うが、正式昇進に臨んでも「今、僕が身命を賭して撮りたい作品（企画）が無い」と退いた「反骨の侍」寺西国光の「生き方が」光る。（因みに一言、世人は好んでことごとに〝生き様《ザマ》〟と言うが、日本語に於いて「死に様《ザマ》」は有るが〝生き様《ザマ》〟という言葉は無い。元来、様《ザマ》を用いるのは、陸《ロク》でもない言葉「様《ザマ》を見ろ」「様《ザマ》ァ無い」等と使う「死に様《ザマ》」であり、その反対語が「生き様《ザマ》」とはならないのが日本語の深さだ。正しくは「生き方」だ）――兎に角「商人」助監督よ、それでもそれが監督昇進の名誉なら、立場は違うが俺なら要らない。第一、時代は兎も角、黒澤明の様には１００％行きやしませんぜ、よ？　それに、無名俳優にしたって、そんな監督に行事られるのなど真っ平御免でごわす、オシマイ、でごわす。

遙かなる「心の軌跡」津島恵子…

映画『長崎の鐘』（松竹）、『ひめゆりの塔』（東映）……平和への祈り、平和への願いを根っこに作られたこの映画が津島恵子の総べてを表すと言っても過言ではない（良い出演作は多々あり）代表作だ。俺の少年時代、連日の様にハガキに書いたファンレターを東京・世田谷弦巻町の住まいに出した。学校の宿題もそっち退けにして、薄暗い石油ランプのジーと鳴る灯芯の音を耳にしながら一心不乱に描いたクレヨンの似顔絵。描いた画用紙を丸く巻いて、程良く切った荷造り用の包装紙に包み、郵便局の窓口でちゃんと受け付けたか見届けるまで凝っと見ていた少年だった。出したハガキには必ず返事が来た。「今、お仕事で京都近郊に来ています。いつも嬉しいお便りありがとう。絵お上手なのね。私も好きです。お勉強の方もちゃんとしてますか？」。少年の心を摑んだのは、この「お勉強の方もちゃんとしてますか？」の言葉だ。万年筆の青いインクの字の中に、母の無い子は慕わしい姉というよりは、或る種、母親のような懐かしみを感じ取ったのだった。時は流れた。少年は俳優を志し、同じ様に両親のいない似た環境の学友・荒井今朝夫一人の見送りで、東北本線大河原駅から、少年たち五人の孫の身を育てて呉れた祖母マサヨを残し、上野行き夜行最終列車（ＳＬ）に飛び乗り、出奔した。

　年月は少年の身にも容赦なく流れた。松竹映画の養成所で阿木翁助の劇作『長女』の舞台で父親を演り、その後の大船撮影所でのカメラテストの際、面談でその卒業公演の批評があり、意識した訳ではないが「君の『長女』の演技良かったよ、笠さんのようだった。笠智衆さんの事好きなのかね？」。何を忘れても、この言葉はずっと心に残った。松竹の権威・城戸四郎が映画界の一角を律した時代だ。かつて此処に無名俳優少年時代の津島恵子の姿があったのだ。裏手の山も所内の桜の木も満開だった。「アン・ドゥ・トロヮ」、津島恵子の声が聞こえて来そうで、心に想いが溢れた事も忘れない。想えば、」「長崎の鐘」「ひめゆりの塔」「ファンレター」「俳優志望」「松竹養成所」「大船撮影所」「東映東京撮影所」と、あたかも津島恵子との見えない絆に引かれ、歩き走って来た運命〈さだめ〉だったと想えてならない。あの少年の日、「お勉強の方もちゃんとしてますか？」のハガキが無かったら、きっと此処には至らなかったろう。こうして無名ながら俳優に成った俺だが、津島恵子との現場は遂にの無かった。只一度だけ「一目でも」の機会はあった。それは、何かの作品の撮影で「東映テレビ」に来た時だ。俺は喩え己れのスケジュールを投擲してでも津島恵子の出番を調べ、逢いに行くべきだったのだ。慚愧の想いが消えなかった。逢って、せめて一言、「似顔絵の……田舎の少年です」と告げたかった。ともすれば女優特有の派手さも驕りも、まして浮名一つも無かった。女の気品の持ち主だった津島恵子。あなたのやさしい静かな笑顔を忘れない。合掌……涙。

（ごのうえ・りき）

一家に一冊の資料だが

野村芳太郎

広瀬信夫

野村芳太郎著・小林淳／ワイズ出版編集部編『映画の匠　野村芳太郎』（2020年6月刊）

正味の話、野村芳太郎はバカにしていた。オレが映画を見始めた小学生のころ、彼はコント55号、チータ、為五郎の人だった。テレビでは活き活きしてるタレントを、大船のダサい色彩に染め上げる奴だと。よく祖母とオフクロが松竹メロドラマに行って「泣けた泣けた」と騒いでるのを苦々しく思ってたのもあるな。『おはなはん』を映画化してると聞いただけでムカツいた（観たのはずっと後）、決定的だったのは『ダメおやじ』。主人公は三谷昇しかいないだろ、なぜイメージ大違いの売れっ子を使うんだ、と怒りを発した。ガキって純粋で本格志向なのヨ。生活に疲れた大人が「暇つぶし」に流して見てるモノを、観客をバカにしてる、と感じちゃうの。中学生になって余所の街の名画座に行くようになり、野村の過去の名品を知り、その手堅く冷静（冷血？）な演出っぷりに感銘を受けるんだが…そして三十過ぎての三軒茶屋アムスの特集で、今まで観られなかった佳作を幾つも拾い評価ウナギ上り…この流れ、オレと同時代人の編者・小林淳氏も同じなんじゃないか？

本書は丁寧な作りで、すべてにおいて過不足なしの決定版といえよう。年譜に時代時代の封切館入場料を付しているのも、編者のファンっぷりが垣間見えて好感。なかでは野村本人による「全作品を語る」収録がキモ。貴重な資料である。ではあるが、あくまで備忘録であり、企画・製作の流れ、社内の反応、興収等々、映画史研究者にはいいけど……ファンにとってはロケの挿話くらいしか読むところがない。エッセイ、対談の採録やインタビューがこれを補完するが、どうしても時代の偏りが出る。職人監督の悲しさ。映画雑誌での意見開陳など、全盛期（昭和31～37年）には、てんで求められなかった時代の人なのだ。インタビューにしても加藤嘉、穂積隆信などお気に入りの傍役が健在だったら、代表作が野村作品しかない（失敬！）生田悦子がいたら、等々悔やまれる。川津……いや、無い物ねだりはよそう。映画本の世界で職人監督の企画が通るようになったのが遅すぎたのだ。

橋本忍『複眼の映像』における野村の批評性の高さを、本書でも引用している。この鋭い眼による自作解説を、とくにオレの大好きな『花嫁募集中』『モダン道中　その恋待ったなし』『恋の画集』『最後の切札』を、本人から訊き出して貰いたかった。でも無理なのだ、証言者はこの世にいない。

編者・小林氏、同時代人ゆえ、野村の凄みに気付いたのもオレどうよう遅いだろう（違ってたら失敬！）。本人と常連俳優へのインタビューの不可能を、誰よりも悔しがっているに違いない。

（ひろせ・のぶお）

映画論叢のバックナンバー

●品切れ　1号／2号／4号／8号／11号
●在庫僅少　7号／14号／16号

【21号】三輪彰監督インタビュー／東宝争議と松林宗恵／極東キネマ
【22号】ボンドガール若林映子／アイドル山本豊三／T・ザイラー追悼
【23号】新東宝スタア星輝美／オリーヴ・トーマスの死
【24号】小杉勇・渡辺邦男・中川信夫／久保明インタビュー／万博の映像
【25号】柳川慶子インタビュー／井田探インタビュー／鶴田VS若山
【26号】東宝傍役俳優インタビュー／松竹時代の寺島達夫／争議とヤクザ
【27号】緑魔子&小谷承靖監督&柴田吉太郎監督インタビュー
【28号】高宮敬二自叙伝／横浜モダン・北林透馬／日本ロボット映画
【29号】B・クリステンスン研究／中田康子インタビュー／談志追悼
【30号】小森白インタビュー／B・ラ・マール伝／仏家庭映画小史
【31号】伊沢一郎・日活の青春／翻訳映画人・東健而／『殺人美学』再評価
【32号】70ミリ映画女優・上月左知子／土屋嘉男インタビュー／改題縮尺版
【33号】小笠原弘インタビュー／松竹キネマ撮影所／東宝レコード
【34号】阿部寿美子自伝／ラッセル・ラウズ監督再評価／福宝堂完全リスト
【35号】鬼才W・グローマン／アルモドバル本の誤訳／佐々木勝彦語る
【36号】ルーペ・ベレス／東映東京の〝血と骨〟／動物モノの巨匠A・ルービン
【37号】マイ・ゼッタリング／A・ド・トス／ブルーバード映画とロイス・ウェバー
【38号】西村潔〝お蔵入り〟の真相／J・ガーフィールド／『警視庁物語』
【39号】レムリ一族の興亡／原一民のみた黒澤明／ウェンデル・コリー
【40号】映画監督・三船敏郎／ディック・パウエル／和製ターザン樺山龍之介
【41号】河合映画・由利健次／『ファンタジア』／アードマン・アニメ
【42号】『どろろ』映画化／近藤経一／W・ベンディックス／全勝映画大調査
【43号】中川信夫の教育映画／東宝ビデオレンタル黎明期／A・ケネディ
【44号】小倉一郎、村井博のみた加藤泰／東独映画／フォード一家名簿
【45号】大船スタア園井啓介／ジョン・ギャヴィン／新東宝・大貫正義
【46号】『自動車泥棒』・和田嘉訓／帰山教正周辺／ビスタ・サイズの誤解
【47号】大映・小野川公三郎／ヘンリー・コスター／J・ウェインと仲間
【48号】ジョン・ファロー／『ジョアンナ』研究／森下雨村の映画／堺勝朗
【49号】田口勝彦による東映東京／ロリー・カルホーン／スコープ・サイズ
【50号】『二十歳の恋』田村奈巳／『2001年』半世紀／J・チャンドラー
【51号】三上真一郎追悼／『サロメ』女優／ビデオとワイド画面／岸田森
【52号】製作者・奥田喜久丸／カーレースと映画／『一寸法師』映画化

【53号】絵筆で表現するスターたち　中田耕治／ジョン・スタージェスを語ろう　猪股徳樹／16対9テレビと映画の画面サイズ　内山一樹／山麟VS鶴田、東撮の決斗　五野上力／フィルムアーカイブ展示を斬る　浦崎浩實／井手俊郎、木村恵吾とコラボする　北里宇一郎／映画批評家旗揚げの頃　武田鐵太郎／書簡にみる三上真一郎

【54号】ピストル小僧オーディ・マーフィ　二階堂卓也／『殺人狂時代』オクラ入りの謎　小関太一／内田吐夢の岡山時代　世良利和／甲賀三郎『夜光珠を繞る女怪』　湯浅篤志／宍戸錠追悼　五野上力&ダーティ工藤／女優ミスタンゲット　戸崎英一／藝人早野凡平　飯田一雄／カーク・ダグラス追悼　瀬戸川宗太／コロナ下の映画館

【55号】ジミー・ウォング罷り通る　二階堂卓也／『Gメン対間諜』ロイド・ノーラン　千葉豹一郎／デジタル時代の映画の画面サイズ　内山一樹／英国職人監督ラルフ・トーマス　ダーティ工藤／ジャック・ケニーからみる西部劇　猪股徳樹／道玄坂キネマの想い出　加納一朗／新高恵子は歌手だった　東舎利樹／新東宝全映画追跡調査　最上敏信

●映画論叢バックナンバーのうち、№3～№18まで（各号840円。送料樹花舎負担）のご注文は樹花舎へ。メールあるいはファクスでご注文ください。ファクス：03-6315-7084　メール：kinohana@mb.infoweb.ne.jp
№19以降は国書刊行会へ。一部1000円+税。

コネリーでは『未来惑星ザルドス』『さらばキューバ』『オスロ国際空港』あたりを再見したい。

永田哲朗　1931年生まれ。チャンバリスト。「殺陣」は時代劇愛好家必携の一冊。他に「日本劇映画総目録」(監修)「右翼・民族派組織総覧」(国書刊行会) など。新刊に「血湧き肉躍る任侠映画」(国書刊行会)。

二階堂卓也　1947年生まれ。『怪談せむし男』(65・東映) のイタリア語発声版を見たら、これがケッコウいける。怪奇ムード満点で、こうなると、日本語の脚本 (台詞) の冗長さ、つまりムダがいかに多いかわかる。ドッピアトーレ (声優) も上手！

布村建　映画鑑賞歴81年。近年は映画館の諸々が不快なので、もっぱらパソコン視聴。リモコンよりもマウスのほうが操作ラク。30センチの距離はスクリーンなみ。細部が分かって気づかなかった発見も多々ありでたのしい。

長谷川康志　1978年横浜生まれ。双子座・AB型。酒豆忌 (中川信夫監督を偲ぶ集い) 実行委員。座右の銘「人間 いちばん あかん」(中川信夫)

広瀬信夫　1963年生まれ。クロリス・リーチマンはオスカー受賞作も良いけど、その続篇も傑作だった。オレは『新サイコ』が好き。『クレイジー・ママ』(16ミリで鑑賞) が主演だから代表作かしら？

宮原茂春　1947年生まれ。劇映画のエンドタイトルまで見ることが好きなマニア。映画TV技術協会会員、日本映画撮影監督協会賛助会員、著書に「35㎜/16㎜カメラの取り扱い方」。現在映画用各種レンズ約500本の紹介記事を執筆中。

最上敏信　1948年東京生まれ。毎日サイタサイタだが櫻ではないようだ。勝負には必ず運不運がある。運に恵まれなければ勝利はない！　忖度と損得にあふれたこのニッポンで、闘病人を相手にする重要なことか？　ここはひとつ懸命な大人の判断を望むtenなんて、ただの独りごとよ。

渡辺秀明　1949年生まれ。愛知県在住。昨年、女性の音域は男性より低いと知り、びっくり。これまでずっと逆だとばかり思い込んでいた。これにより、カラオケでうまく歌えなかった女性歌手の曲に挑戦できるように…。

『映画論叢 57号』の予告

満映をプロデュース　叛骨？の映画人・岩崎昶　藤元直樹
映像発展史　超巨大映像研究ー IMAX の昔と今　内山一樹
英国職人魂　ルイス・ギルバートを語ろう　ダーティ工藤
楯の會々員の証言　三島由紀夫と映画　谷輔次
追悼　最後の恐竜〜小谷承靖監督〜との旅路　小関太一
●好評連載　布村建、奥薗守、最上敏信、飯田一雄、東舎利樹

執筆者紹介（五十音順）

飯田一雄　1936年生まれ。劇団にんげん座主宰。浅草軽演劇が駄菓子のように親しまれたエンコ（浅草六区）の風物を取材して七十年。コロナ禍により劇場公演の予定がたたないのは淋しい。

猪股徳樹　1942年生まれ。J・フォードファン ⇒ J・フォードマニア ⇒ J・フォード馬鹿。段々始末が悪くなる。これ自分の事。フォード以外はあまり観なくなった。老人の依怙地なのか。そんな日々です。

浦崎浩實　1944年生まれ。故郷・石垣島の中学同期による喜寿祝（数え）が昨年はお流れに！　今年は決行できるや！　コロナさまにも言い分はおありでせうが、ジンルイもココロ改めアクと戦って参りまする！　お誓いします！　拝！

奥薗守　1932年生まれ。教育及び産業関係の映画、ビデオ等のプロデュース、監督、シナリオを手掛ける。自称、水木洋子の弟子。市川にある水木邸は毎月第2・4の土・日曜に公開しています。

片山陽一　1974年生まれ。歌舞伎座・壽初春大歌舞伎、坂田藤十郎を偲んで「夕霧名残の正月」。無惨。親子といえども持続可能な芸などありません。

川喜多英一　1957年生まれ。ロベール・オッセンも岡田裕介も相当な大根だけど、作品はスキなの多いんだよなァ。で、綿引勝彦ってなんだよ。綿引「洪」だからワルそうなのに。

北里宇一郎　1951年生まれ。コロナでシニアが来なくなったせいか、シネコンはアニメと漫画原作映画だらけ。今の若者、味覚がお子ちゃまのまんま。このままだと10年後、日本では映画らしい映画が消滅するのでは。

小関太一　1964年生まれ。小谷承靖監督の死。苦しまずあっさりとした幕引きのカッコ良さ。最強のプログラム映画監督は気遣いの人だった。こんなコロナ禍の時代に心配や悲しませる事すらさせない潔い最期は正にトム・コタニらしい。だから余計に悲しい。

五野上力　1935年生まれ。俳優。劇団手織座、松竹演技研究生を経て61年東映東京入社。64年専属契約。初期は本名の斎藤力で出演。多くのアクション映画に助演した。

重政隆文　1952年生まれ。大阪在住。マスクをしながら映画を見るのに慣れてはきたが、早く外せる状況になってほしい。

瀬戸川宗太　1952年東京生まれ。映画評論家。幼い時（三歳）からテレビで映画を観るようになる。著書に「懐かしのアメリカＴＶ映画史」など。新刊に「世界の戦争映画100年」（光人社ＮＦ文庫）。

ダーティ工藤　1954年生まれ。監督・緊縛師・映画研究家。千浦僚君と毎月やってるトークイベント“映画原理主義”が何事もなければ4月に第100回目を迎える。コロナ禍でも開催させてくれる新宿カフェ・ラバンデリア様に感謝！

永井啓二郎　1961年生まれ。ショーン・

◆編輯後記にかえて

映画に気合いを入れ始めた小学校四年くらいの頃、最も好きだった女優がナタリー・ドロンだった。作品数こそ少ないが、どれもガキの想像力に訴える作品ぞろいだった。恋の手ほどきモノって大嫌いなんだけど（親がかりのクセして、このガキが、と思っちゃう）、彼女だと話は別。『新・個人教授』なんて、封切直後はジャリ過ぎて観られず、中学生になってからの見参なんで、より昂奮したネ。誘惑される少年に、すっかり入り込んじゃったヨ…。それだけに旦那と共演の『もういちど愛して』にはシラケること限りなし。いちゃつきやがって、いい気なもんだぜ、とムクれながらの鑑賞。ナタリー女史にすっかりイカレてたんですな。同じことブロンソンやG・C・スコットがやっても腹立たないからね。ま、客観的に作品の出来で選べば『姉妹』かしら。

フケてからも活動はしてたし、監督もやったけど、いまいちピンとこなかったのは残念。さすがに彼女の追悼特集なんてCS放送でもやらないだろうな。黙禱。

丹野達弥

映画論叢《えいがろんそう》 56

2021年3月15日初版第1刷発行
定価［本体1000円＋税］

編輯　丹野達弥《たんのたつや》
発行　㈱国書刊行会
〒174-0056 東京都板橋区志村1-13-15
Tel.03(5970)7421　Fax.03(5970)7427
http://www.kokusho.co.jp
装幀　国書刊行会デザイン室＋小笠原史子（株式会社シーフォース）
印刷・製本　㈱エーヴィスシステムズ

ISBN 978-4-336-07208-5 C0374